イラスト図解

家庭でできる転倒予防トレーニング

Takashima Kengo
隆島研吾
神奈川県立保健福祉大学教授
理学療法士

法研

はじめに

高齢者の介護予防には日常生活を活発にすることが重要です

本書は家庭でできるシリーズとしては第3弾目になります。最初に『家庭でできるリハビリテーション』を2004年（平成16年）に発行してから、2013年（平成25年）に『新版　家庭でできるリハビリテーション』を改訂版として発行しました。この2点は、脳卒中などの後遺症を持つ方や障害を持つ高齢者の方を対象に想定したものでした。

そこで、今回はだれでもできる「家庭でできるシリーズ」として、転倒予防を取り上げました。

わが国は超高齢社会を迎え、健康寿命の延伸が求められていますが、だれもが介護状態になる危険性を孕（はら）んでいます。と言っても、自ら要介護状態になったり、寝たきりになったりすることを望んでいるわけではありませんよね。

転倒予防や介護予防のための体操などは多く喧伝されており、各市町村でも積極的に介護予防教室などが開催されています。また、トレーニングジムでの活動なども積極的に行っている方も多くいらっしゃるでしょう。日々ウォーキングや自宅での体操などに励んでおられる方も多いものと思います。

もちろん、これらの活動は推薦される活動です。

しかし、なかには「運動が苦手」、「なんとなくめんどくさい」、「億劫だよね」なんて声も聞こえてきそうです。

本書は、むしろそのような方々にもお役に立てるような内容を意識しています。なにも日常生活を離れて行う運動だけが運動ではありません。冒頭の標題にもありますように、日常生活を活発に行うことで、多くの場合運動量は確保できます。しかし、その中で少し運動的な要素を意識することでも、より効果が高い生活を送れることになり、いつのまにか転倒しない身体つくりに向かっている……ということにつながります。

そこで、「ながら」でも行える工夫に始まり、少し運動的な内容も入れました。また、日常生活で気を付けるべきこと等についても若干触れています。

さあ、寝たきりストップのためにも転倒しない身体つくりと活発な生活を目指して、家庭でできる「ながら」体操をぜひお役立てください。

2020（令和2年）12月

著者

家庭でできる『転倒予防トレーニング』

本書の使い方と特長

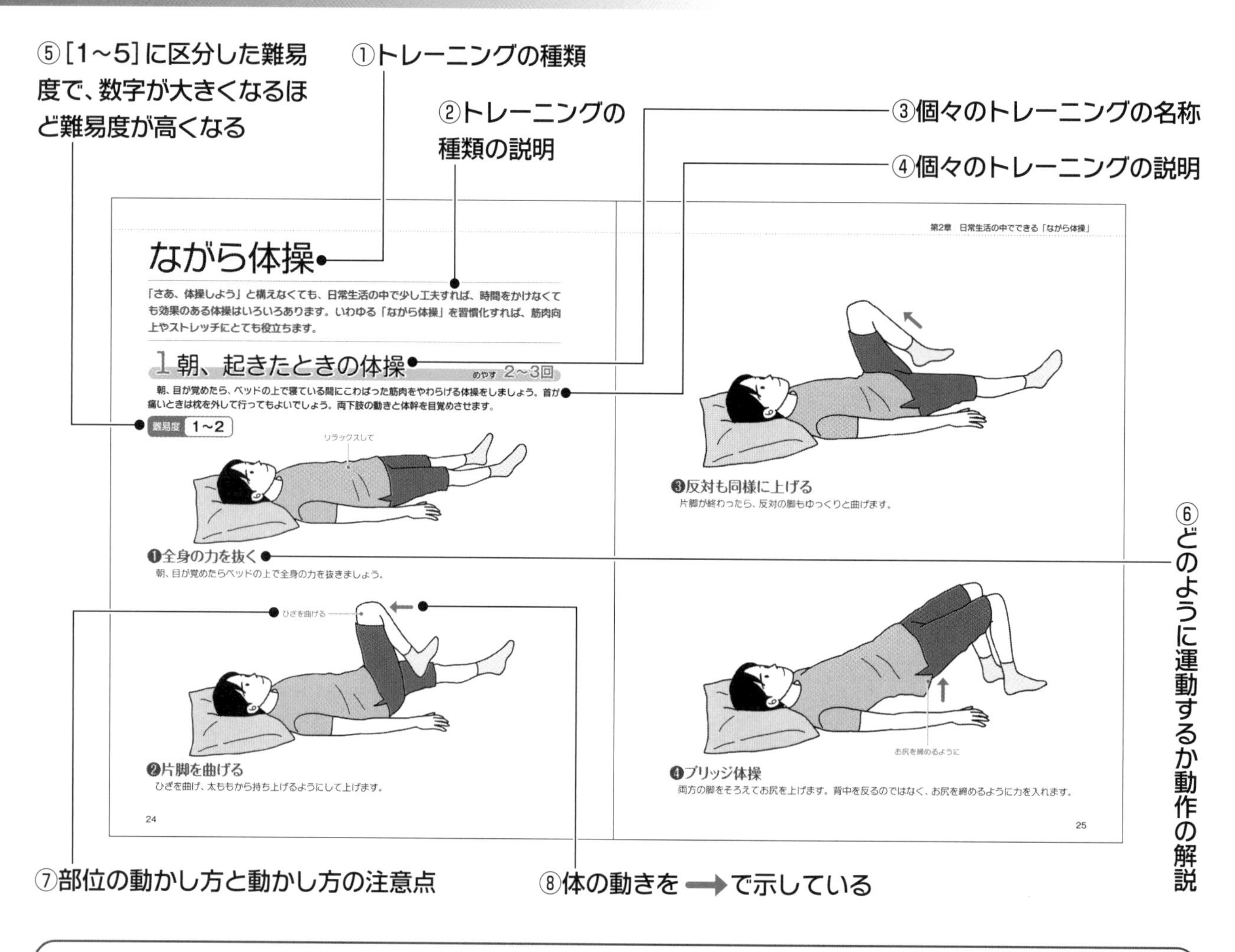

本書の特長

①転倒予防に役立つ
下肢をきたえる運動が中心

寝たきりになりやすい転倒事故を起こしにくくするため、日ごろから心がけたい運動を中心に紹介しています。

②日常生活の中で、数分間で行える運動

30分、1時間と毎日トレーニング時間を決めて、筋トレ・ストレッチを行うのもよいですが、長く続かない人も少なくありません。本書のトレーニングは日常生活の中で座っているとき、立っているとき数分間で行える運動が中心です。

③日常生活の中で、「ながら」で行える運動

第1章ではテレビを観ながら、お茶を飲みながらなど、日常生活をしながら行える運動を紹介しています。

④「筋トレ」「ストレッチ」
「バランス向上」の運動を紹介

筋力を向上させるトレーニング、筋肉を伸ばしながら腱や関節をやわらかくするストレッチ、立ったり座ったりするときのバランスを向上させるためのトレーニングなど、目的別にトレーニングを紹介しています。

第1章

自立した生活を続けるための転倒しない体づくり

転倒事故が要介護状態に直結する

高齢者が寝たきり状態にならないためには、転倒を防ぐために運動などによる活発な生活を送ることが大事です。

転倒後症候群によって要介護状態に

筋力やバランスの機能が低下している高齢者は、転倒しやすいうえに、転倒したときにも体を十分に支えることができずに大きな事故になりやすい傾向にあります。

とくに、加齢による衰弱や脳卒中の後遺症などで運動障害等のある人は、バランスを崩しやすく、小さくつまずいただけでも転倒しがちです。

そうした転倒事故は寝たきりの原因になりやすく、『2019年版高齢社会白書』(内閣府)によると、「認知症」「脳血管疾患」「高齢による衰弱」に続いて、「転倒・骨折」は寝たきりの原因の第４位に入っています。

転倒事故への恐怖が不活発の生活から寝たきりに導く

高齢者の転倒事故が怖ろしいのは、骨折という直接の原因だけでなく、心理的な面でも「寝たきり」を誘発しやすいからです。一度転倒を経験すると転倒への恐怖が芽生えてしまい、活動範囲が狭くなり、ややもすると閉じこもりがちになってしまうからです。

骨折などは治っているのに、転倒への不安からついつい外出を控えてしまい、または居間などから出ることが少なくなり、知らぬうちにベッドでの生活が中心になってしまう高齢者が多くいます。

転ぶのが怖くて（または不安で）生活のレベルをどんどん下げていく「**転倒後症候群**」という現象に陥ってしまいます。

さらに一度転倒を経験した人が、活動レベルが下がることで体力が落ち、ますます転倒しやすい傾向になってしまうことがあります。

この再転倒の大きな原因は、不活発な生活により身体機能が低下することで、さらに転倒しやすい状態になってしまう、という悪循環に陥ることによるものです。

運動を意識した活発な生活で寝たきりを予防する

こうした傾向から、高齢者が寝たきり状態

にならないためには、運動をしたり、または「運動は苦手なんだけど」などという方でも、転倒を防ぐための運動を伴う日常生活動作（ADL）を取り入れることが大切であるということがわかります。

本書では高齢者が起こしやすい転倒事故から寝たきり生活になるような悪い流れを断ち切るために、筋力向上トレーニングやストレッチ体操、バランス感覚を向上させる体操のあれこれを紹介します。

運動が苦手という方でもできるように、日常生活での工夫なども取り入れた方法も合わせて紹介していきます。

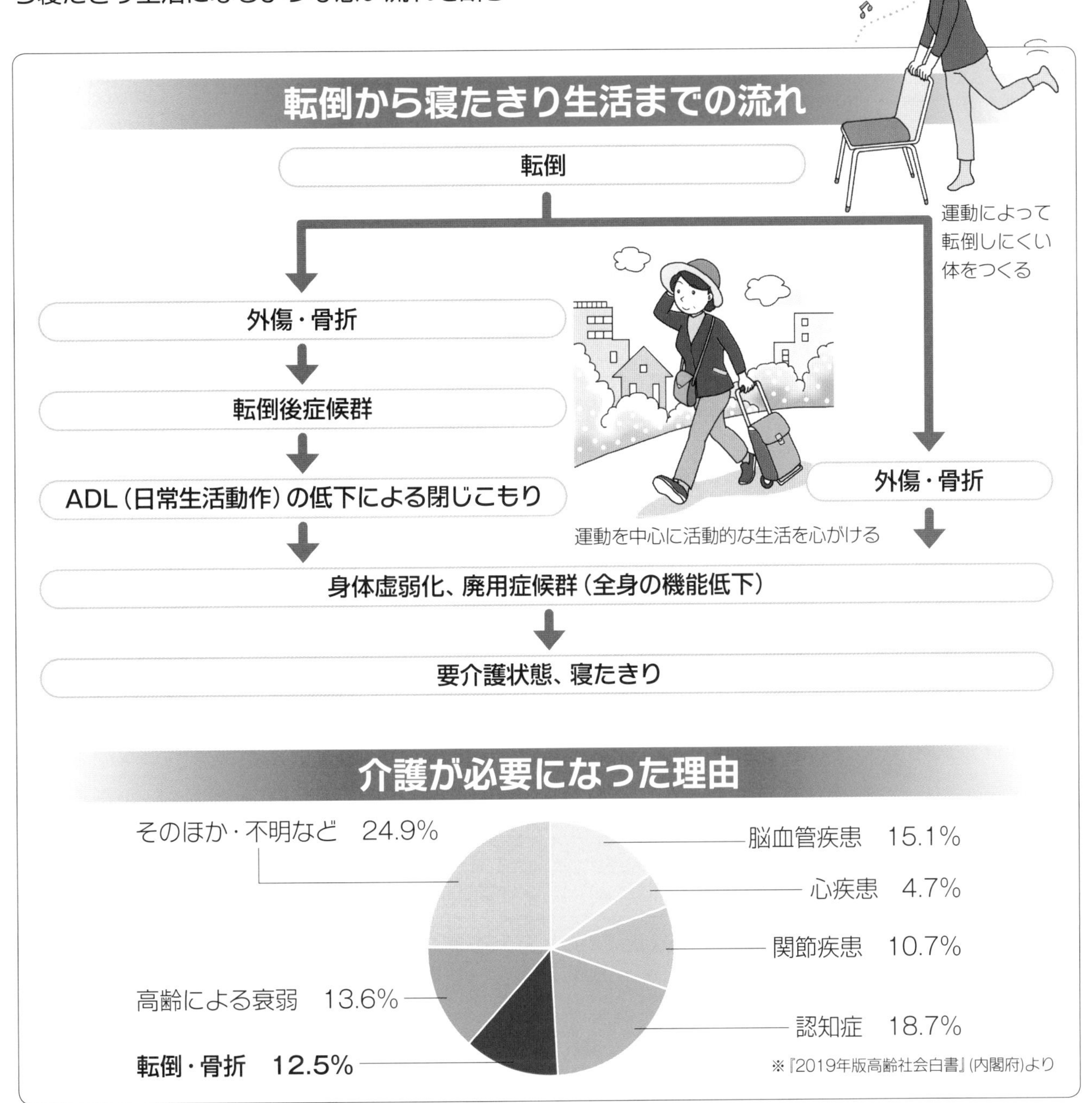

「抗重力筋」を鍛えて転倒しない体づくり

高齢者がつまずいたり、よろめいたりする原因はさまざまですが、小さなつまずきでも転倒しない体づくりをするには、脚の抗重力筋を鍛えることが最も重要です。

抗重力筋のなかでも脚の筋肉を鍛えることが重要です

転ばないようにするには、ふだんから足腰の筋肉を鍛えることが大切です。そのなかでも転倒に最も関係が深く、とくに鍛えたい場所は「**抗重力筋**」と呼ばれる筋肉です。

抗重力筋とは、地球の重力に対して姿勢を保持するために働く筋肉のことです。立っているだけ・座っているだけでも常に抗重力筋のどれかが働いています。つまり、抗重力筋の筋力が低下すると正しい姿勢が保持しにくくなるとともに、脚が上がりにくくなったり、また、ふらつきやすくなるなどといった転倒のリスクが高まることになります。

抗重力筋には、背中（脊柱起立筋）・お腹（腹直筋（ふくちょくきん））・お尻（大殿筋）・太もも前面（大腿四頭筋）・ふくらはぎ（下腿三頭筋）などがありますが、なかでも大殿筋・大腿四頭筋・下腿三頭筋などの下肢（脚）にある筋肉は立ったり、座ったり、あるいは歩いたりするときに重要なはたらきをします。

この筋肉を鍛えることで転倒予防ができるだけでなく、日常生活機能全般が向上することがわかっています。

抗重力筋を鍛えて生活の質（QOL）を向上させよう

立ったり歩いたり姿勢を維持したりといった日常の活動を支える抗重力筋は、生活の質の向上に関係する筋肉ともいえます。そのなかでも、次の筋肉群が重要とされています。

- **ひざを伸ばす働きをする大腿前面の大腿四頭筋**
- **大腿を後方に振る働きをするお尻の大殿筋**
- **上体を支える腹筋群と背筋群**

これらの筋肉を鍛えるトレーニングを継続的に行うこと、また日常から活動的な生活を送ることが大切です。若年層の方にとって筋力不足によって日常生活に支障が出ることはまずありませんが、高齢になると筋力低下の進行は深刻な問題となり、それによって日常生活に支障が出ることがあります。

これらの加齢の影響を受けやすい筋肉をし

っかりと鍛えることが、転倒事故の予防や生活の質の維持のために重要になります。

筋肉は何歳になっても（高齢者でも）鍛えることが可能とされています。もちろんいきなりムキムキ体になることはむずかしいですが、体操などを行うことで筋力が向上することや柔軟性が向上することは多く報告されています。

それらのためには、スクワット、腹筋運動などの筋力向上トレーニング(レジスタンス運動)等が有効です。さらに、生活の質を維持するために、「さあ、トレーニング」と意気込まなくてもできる「テレビを観ながら」「歯を磨きながら」といった「**ながら体操**」として日常生活に取り入れるだけでも効果が期待できます。

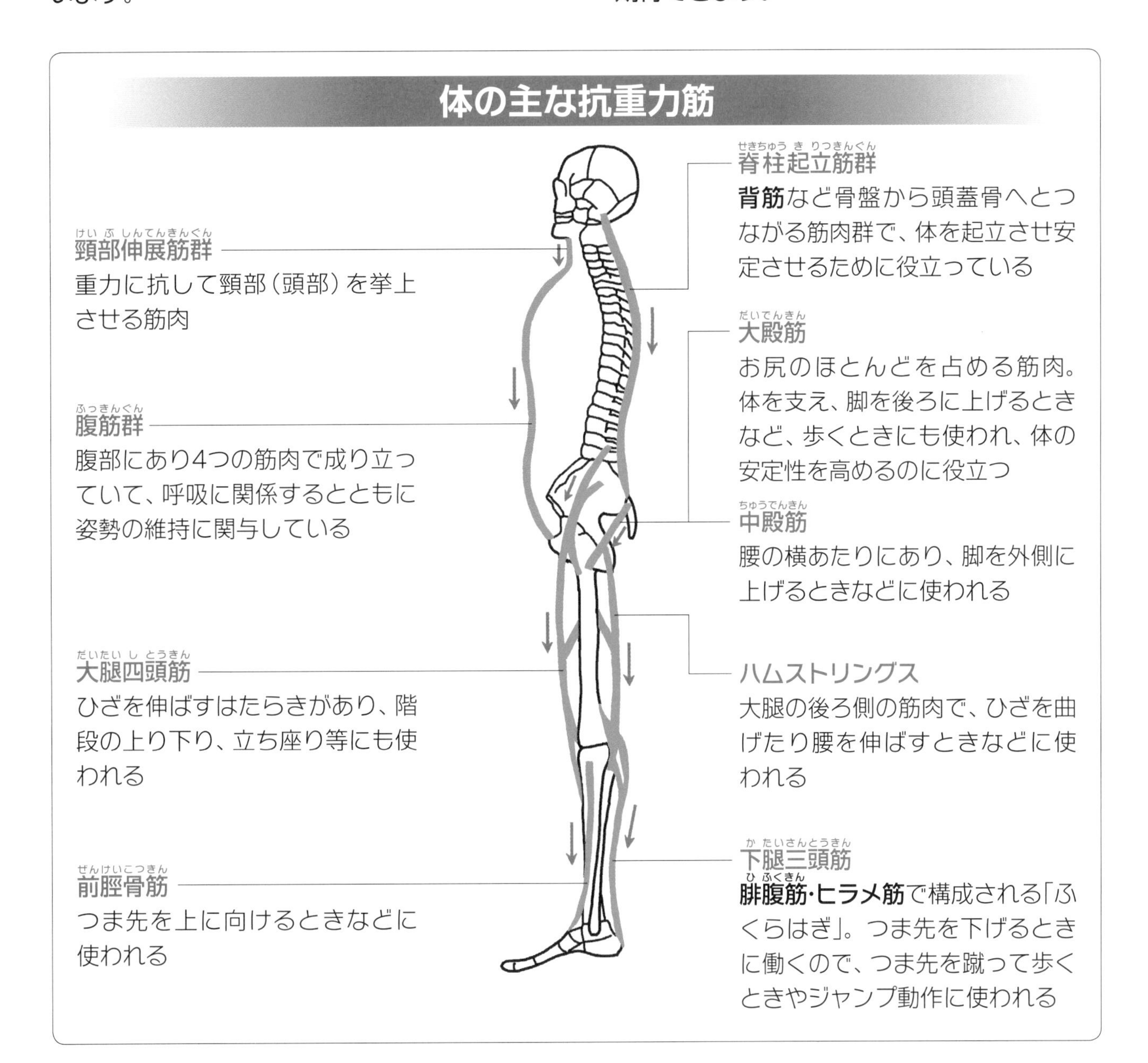

転倒予防に取り入れたい3つの運動

高齢者が転倒予防に取り入れたい運動は、筋トレ・ストレッチ・バランス向上トレーニングの3種類が中心です。それに有酸素運動を加えれば耐久力も向上し理想的です。

3つの運動を組み合わせて行うと効果的

転倒予防に役立つ高齢者の運動をタイプ別に分けると、

①**筋肉を強くする運動**＝筋力向上トレーニング(筋トレ)
②**筋肉や関節を柔らかくする運動**＝ストレッチ運動
③**バランス感覚をよくする運動**＝バランス向上トレーニング

といった運動が有効です。ただし、高齢者が行う転倒予防のためのトレーニングは、たとえば筋トレでも、若い人が行う筋肉を増強して強い体をつくるといったものではなく、筋肉を衰えさせないことに主眼をおいた穏やかなトレーニングが有効であり、多くの高齢者に受け入れられやすいものになるでしょう。

この「①筋力向上トレーニング」「②ストレッチ運動」「③バランス向上トレーニング」などの運動に加えて、ウォーキングやランニングに代表される「**有酸素運動**」を取り入れることで体調維持を図りましょう。

これらの運動を組み合わせて行うことで、虚弱体質を改善し転倒しにくい体にすることができます。

筋力向上トレーニングは体をつくる運動、ストレッチとバランス向上トレーニングは体の調子を整える運動です。それらの運動を組み合わせて、無理なく行うことが大切です。

3つの運動は日常生活のなかで、いつでもどこでもできる

トレーニングというと、スポーツジムなどで器械を使った運動をイメージしがちです。もちろん、何歳になってもジムや自宅で筋トレを行うのは有効でしょうが、長く続かない人が多いのも確かでしょう。

そこでご提案したいのが自宅で短時間にできる運動や、寝たり起きたり、立ったり座ったりといった日常生活のなかの動作を意識的に行うことで3つの運動効果を上げるという方法です。

第2章以降では、そうした観点で高齢者が

無理なく日常生活に取り入れられる運動を紹介しました。

さらに、本書では紹介していませんが、有酸素運動の代表であるウォーキングやランニングは、血液循環をよくして悪玉コレステロールや体脂肪を効果的に減少させ、糖尿病の予防や改善、循環器や呼吸器のはたらきをよくする効果があることがわかっています。

これらは、生活習慣病の予防に最適ですが、同時に下肢の筋肉を鍛える効果もあり、転倒や骨粗しょう症の予防に役立ちます。

筋トレと併行して行うことで、筋肉量をキープしながら元気に歩ける足腰を維持できます。そのために、正しい姿勢でウォーキング等をすることで、姿勢がよくなり、つま先などの上がりがよくなります。

日常生活に取り入れたい3つの運動

①筋力向上トレーニング（筋トレ）

大事な要素●日常生活の中で筋力を強化する →実技例は42～67ページ参照。

筋力向上トレーニングは、加齢にともない低下してくる主に抗重力筋群の維持・増強をめざします。

通常、筋力を向上させるには、重い負荷をかけるのが有効とされていますが、活動レベルや姿勢の保持などを目的とする場合は、重い負荷ではなく、持久力を目指した運動などが必要です。

姿勢などには一定の形を保持することが必要ですので（座って作業したり、立っていたりするときには、その姿勢を保持しながら活動しますよね！）、瞬発的な力より持続的な力を保つことが重要になります。

もちろん、バランスを崩して踏み直したり、体を持ち直すなどの際には早い動きも必要ですので、スピードもある程度必要です。

②ストレッチ運動

大事な要素●日常生活の中で体の柔軟性を向上させる **→実技例は68～81ページ参照。**

ストレッチ運動には、**動的ストレッチ**と**静的ストレッチ**があり、動的ストレッチは動きの中で筋肉を伸ばすというイメージで行われ、血流をよくして、筋肉を温める効果があります。

一般的にスポーツ前や筋力向上トレーニングの準備体操などに使われます。静的ストレッチはヨガなどのように反動をつけず、ゆっくり筋肉を伸ばす運動です。

筋力向上トレーニングを行ったあとは、静的ストレッチで筋肉をゆるめると、いわゆる筋肉痛が軽減できます。

どちらにしてもストレッチで筋肉の長さを確保することで、収縮力がより発揮できます。

③バランス向上トレーニング

大事な要素●日常生活の中でふらつかない「バランス能力」を強化する
→実技例は82～89ページ参照。

高齢者は若い人に比べて、バランス能力が低下しているため、小さなつまずきでも転倒してしまいます。転倒しないためにはバランスを向上させるトレーニングが大切です。ふらついて転倒しそうになったとき、瞬間的に姿勢を安定させる身体能力を向上させることです。

具体的には、体の中心部の体幹をしっかり安定させるために、腹筋と背筋の両方をしっかり鍛えましょう。

地域で行われる介護予防体操などに参加を

各自治体では、介護予防を目的にした各種のサービスやイベントを実施しています。転倒しにくい体づくりのために「介護予防体操」などに参加してみてはいかがでしょうか?

介護保険制度では「介護予防」が最重要視されている

厚生労働省が定義する**介護予防**とは、「心身機能の改善や環境の調整を通じて、高齢者の生活機能の向上や地域社会活動への参加を図ることにより、1人ひとりの生涯にわたる、生きがいのある生活・自己実現（QOLの向上）をめざす」もので、「**心身機能・生活機能の低下予防**」と「**生きがいある生活・自己実現**」が大きな柱になっています。

そのために、介護保険制度では、要介護状態になる前の予防活動を推奨し、運動などによる心身の機能低下の予防や、日常生活のなかでの生きがいづくりといった「**介護予防事業**」を広く展開するように各市区町村に促しています。

2015年の介護保険の改正でスタートした総合事業

2015年の介護保険制度の改正では、これまで要支援1・2の人も利用できた「介護予防訪問介護」「介護予防通所介護」が介護保険から外れ、地域で実施する「総合事業」に移行しました。

総合事業は、高齢者の介護予防と日常生活の自立支援を目的としたもので、「**介護予防・生活支援サービス事業**」と「**一般介護予防事業**」に分かれています。

前者の「介護予防・生活支援サービス事業」を利用する人は、要支援1・2の認定を受けた人か市区町村で策定する「基本チェックリスト」により生活機能の低下がみられる人に限られます。

後者の「一般介護予防事業」を利用できるのは65歳以上の人です。要介護認定調査を受けたり、基本チェックリストのテストを受ける必要はなく、高齢者であればだれでも気軽に利用できます。

この「一般介護予防事業」には体操教室や栄養教室など、心身の機能改善に役立つ教室が用意されていて、多くは無料で参加できます。

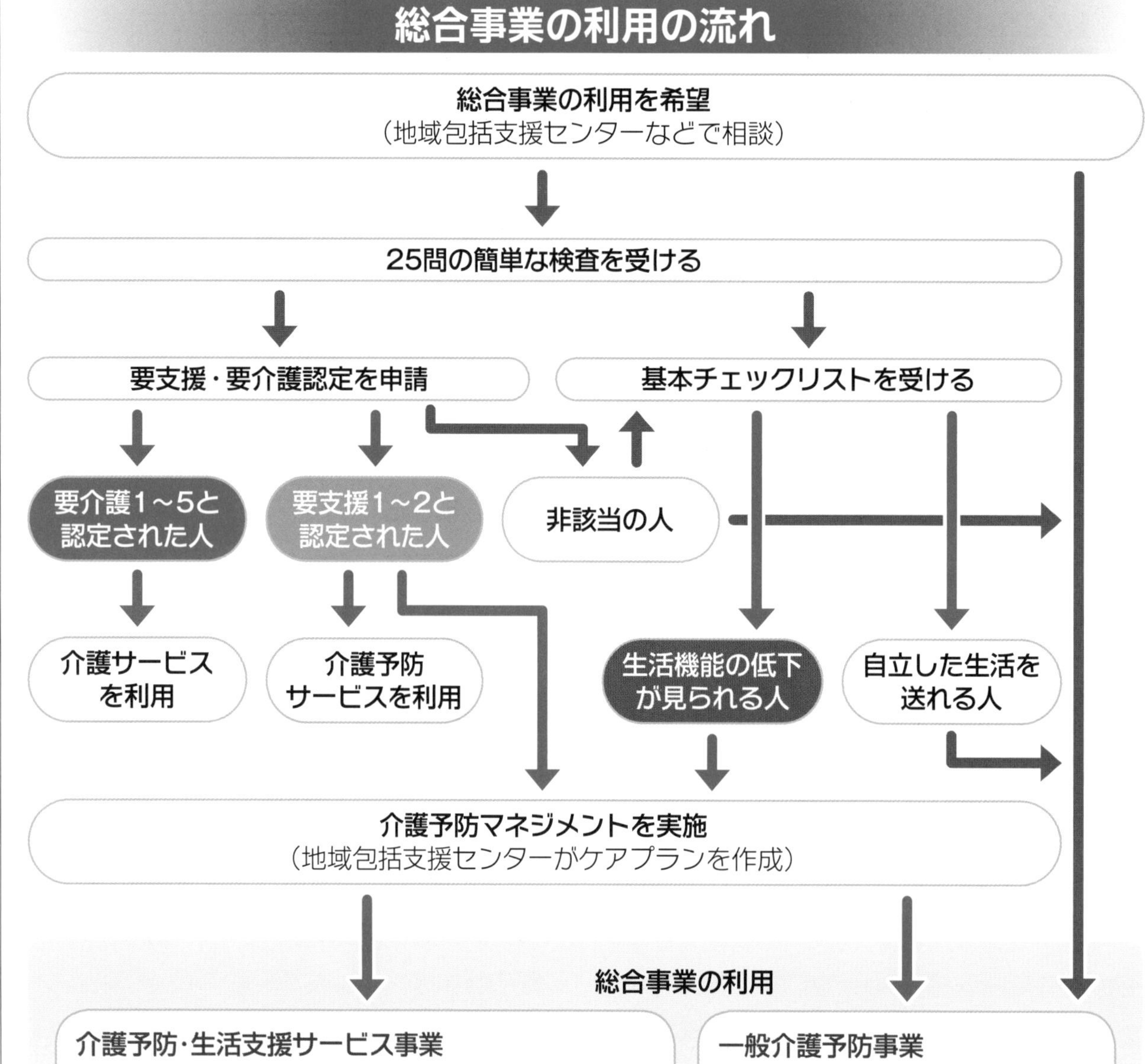

介護予防･生活支援サービス事業

生活支援などの多様なサービスが提供されます。

対象者

①要支援認定を受けた人

②基本チェックリストにより介護予防･生活支援サービス事業対象者となった人

事業の主な内容

・介護予防マネジメントを目的にしたケアプランの作成

・訪問型サービス

・通所型サービス

一般介護予防事業

介護予防活動の普及と活性化を図る事業です。

対象者

65歳以上の高齢者

事業の主な内容

・体操教室

・認知症予防教室

・介護予防普及啓発事業

・体力測定会

一般介護予防事業に参加して、心身機能の低下予防と生きがいづくりを

地域で開催する「一般介護予防事業」は、心身機能の低下の予防を目的の1つとしていますが、昨今の大きな問題になっている認知症の予防も大きな目的になっています。そのため多くの自治体では、認知症予防体操やもの忘れ相談会などもプログラムに組み込んでいます。

ほぼ隔週や毎月行われるこうしたイベントで多くの人たちと交流することは、引きこもりの予防、認知症予防、身体機能の低下の予防など、介護予防全般に役立ちます。自治体の広報などをチェックし積極的に参加してみてはいかがでしょうか？

一般介護予防事業の具体例

・体操教室
（運動機能向上事業）
市の体育館などで、ストレッチ、ウォーキング、ボールを使った筋力アップ など、体力づくりを実施します。（毎月２回開催）

・栄養教室
（低栄養改善事業）
地区公民館で、低栄養にならないための食事のとり方のポイントを紹介します。（年５回開催）

・お口の健康教室
（口腔機能向上事業）
地区公民館で、いつまでもおいしく食べられるよう、口の健康を保つためのポイントを紹介します。（年５回開催）

・認知症予防教室
（認知症予防事業）
市の体育館で、軽い運動をしながら、歌あり、笑いあり、楽しく元気に認知症予防を行います。（毎月１回開催）

・もの忘れ相談室
（認知症予防事業）
ちょっと気になる「もの忘れ」の相談を専門医が受け付けます。（毎月2回開催）

・高齢者のお楽しみ会
（閉じこもり予防事業）
各地区公民館で、体操、音楽療法を実施します。ボランティアによる昼食（有料）も提供しています。（年１回開催）

※市区町村によって事業の内容は違います。

転倒予防を防ぐ 家の中のチェック

骨折・転倒予防には、運動による身体機能の維持が重要ですが、家庭内での「つまずき」や「すべり」などのリスクを回避するための住居の見直しも大切です。

身近なところで起きやすい 不慮の事故

高齢者の死亡事故で多いのは、1位「転倒・転落事故」、2位「誤嚥等の窒息事故」、3位「浴槽などでの溺死」（消費者庁2018年調べ）です。家庭内など身近なところで起きているのがわかります。1位の転倒・転落事故は、疾患を含めた「要介護状態になる原因」でも上位でした（10ページ参照）。家庭内に、要介護状態や不慮の事故の原因が潜んでいます。そこで転びにくい体づくりとともに、転びにくい住まいの安全度をチェックしてみましょう。

住まいの安全対策の ポイント

転倒しにくい安全な住まいにするには、以下のようなポイントをおきましょう。

ポイント1　本人の心身機能の状態を把握して転倒しないように住まいをチェックする

たとえば、脳卒中の人のために住まいの安全対策をする場合は、まず運動障害によるマヒの具合や筋力、視力などの能力をよく理解することが大切です。若くて健康な人なら気づきもしないわずかな段差（例えば絨毯の端や電気コード等）も、運動機能が低下した高齢者などには、大きな障害になることもあります。

ポイント2　高齢者にとって快適で安全な住まいは、要介護度によって変化する

高齢者にとって住みやすい部屋は「1階の日当たりのよい部屋」「風通しがよく換気のよい部屋」「トイレに近い部屋」「ほかの家族とコミュニケーションがはかれる部屋」がよいとされていますが、要介護度が進んだ場合は、介護のしやすさも考慮しなくてはいけません。

同居であれば、奥まったところの部屋は介護しづらいので、ベッドを家族が過ごす居間の隣に移したり、独居であれば居間に移したりして、介護する人が出入りしやすいようにする工夫も必要です。

ポイント3　要介護度に関係なく、動きを妨げないために部屋の整理整とんは大事

自立度が高い人も介護が必要になった人も、乱雑になった部屋は危険も大きく介助を行う妨げにもなります。同居だけでなく、通いで世話や介護をするときも、家の中が散らかっていないかいつも気を配りましょう。

また部屋別に安全対策をみてみると、危険が多く潜んでいるのは「浴室」です。上述の不慮の事故の3位に浴槽での溺死が入っているように、浴室は大変危険ですので、手すりなどの設置を検討しましょう。

次に心配な場所は「トイレ」。高齢者は夜に何度も用をたすことが多いので、寝ぼけて転倒する危険もあります。さらに「玄関」や「階段」も転倒しやすく、転倒すると大きな事故になります。すべり止め対策、手すりや踏み台、暗いスペースには「照明」を設置し、照明は夕方早めに点灯させると安全です。

住まいの安全対策はここをチェック!!

トイレ

トイレの安全対策はドアを引き戸にすることと手すりの設置です。トイレに出入りするとき必要な手すりはドアと便器の位置によって違いますが、基本は便器の横（マヒのない側等）にL字の手すりをつけることです。L字のタテの手すりを握って立ち座りができ、ヨコの部分を握って座位を安定させます。

・出入り口が側面のトイレ

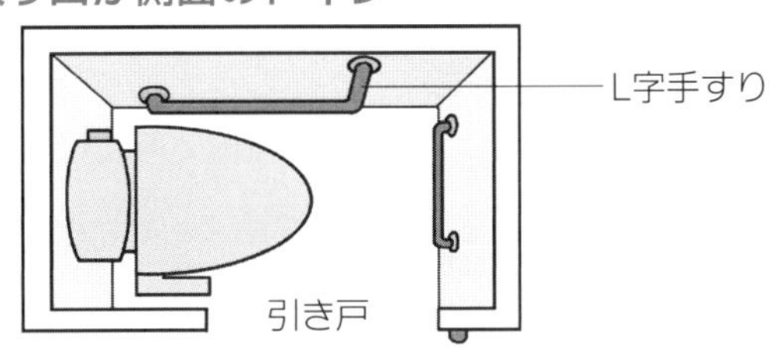

・出入り口が正面のトイレ

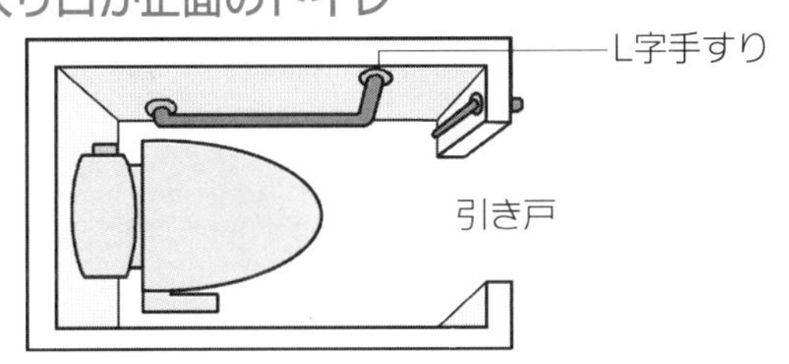

玄関

玄関は上がりかまちに台を置き、さらに手すりを設置して上がりやすくします。玄関を出たところの階段も不自由に感じるなら、スロープを設置すれば楽に上り下りでき、車いすでも安心です。

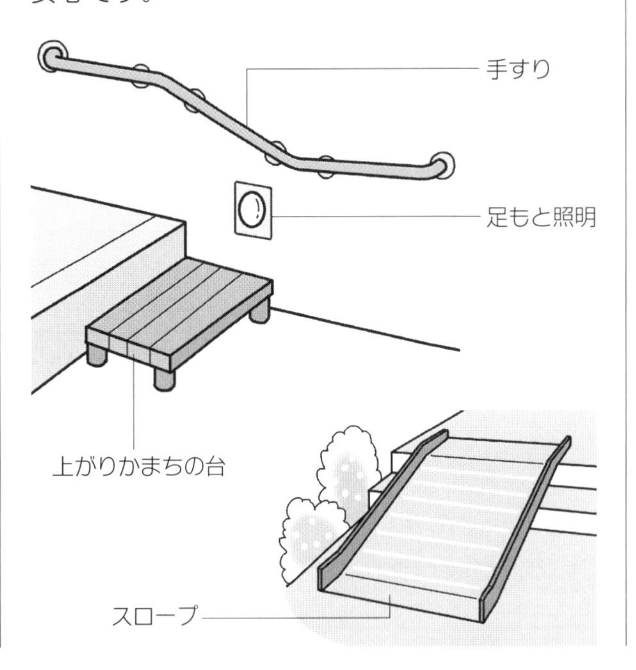

階段と廊下

廊下と階段は手すりの設置です。直径30mm以上のやや太めのバーが握りやすいのですが、本人の状態にもよるので介護保険を利用する場合は、理学療法士などに相談し適切な手すりを選びましょう。さらに明るい照明が重要で階段はすべり止め対策をしましょう。

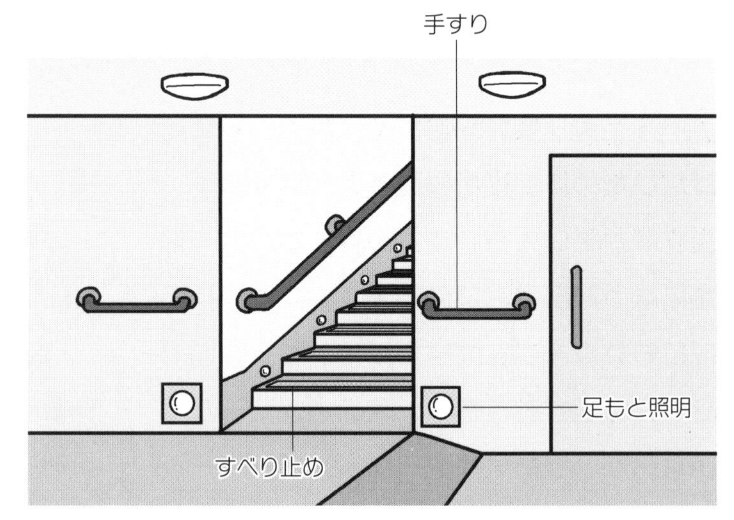

リビング・茶の間

リビングや茶の間は、廊下との間にある敷居の段差が障害になることがあります。段差解消用の板などを設置すると安心です。車いすの移動もスムーズです。昼間過ごすことの多い部屋でもっとも危険なのは、新聞やチラシ、タコ足配線のコード、座布団などによる転倒です。整理整とんが第一です。

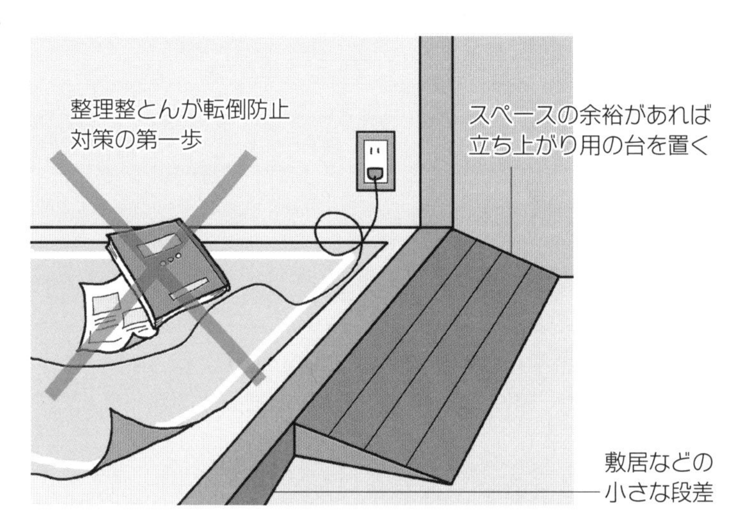

寝室

寝室は自立度によって快適な部屋づくりが違います。ベッドで過ごす時間が多い人の寝室は、介護がしやすい点が重視されます。歩行が難しく車いすを利用している場合は、車いすが通れる動線の確保が必要で、タンスなどを移動しなくてはいけないケースもあります。また、深夜のトイレが危険な場合はベッドの横にポータブルトイレを置いておくと安心です。

第2章

日常生活の中でできる「ながら体操」

ながら体操

「さあ、体操しよう」と構えなくても、日常生活の中で少し工夫すれば、時間をかけなくても効果のある体操はいろいろあります。いわゆる「ながら体操」を習慣化すれば、筋肉向上やストレッチにとても役立ちます。

1 朝、起きたときの体操　めやす 2～3回

朝、目が覚めたら、ベッドの上で寝ている間にこわばった筋肉をやわらげる体操をしましょう。首が痛いときは枕を外して行ってもよいでしょう。両下肢の動きと体幹を目覚めさせます。

難易度 1～2

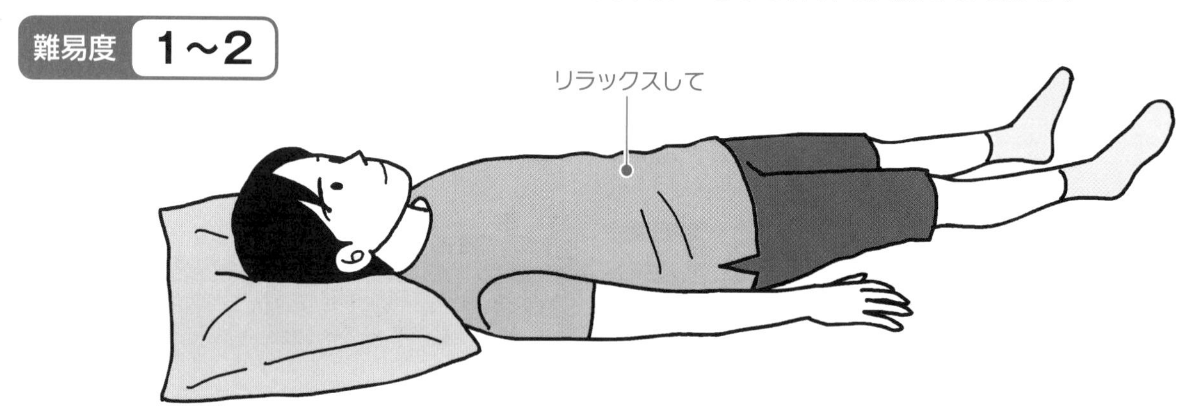

❶全身の力を抜く

朝、目が覚めたらベッドの上で全身の力を抜きましょう。

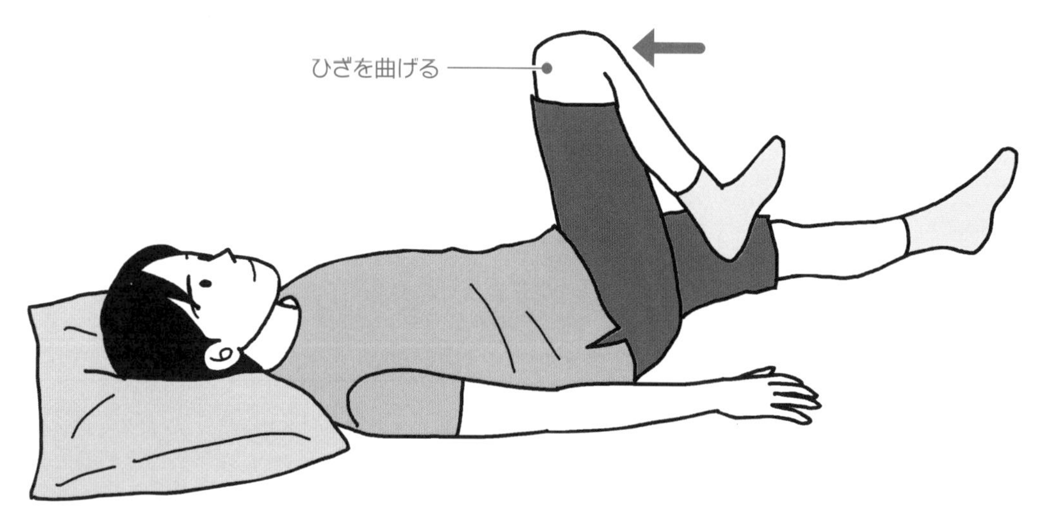

❷片脚を曲げる

ひざを曲げ、太ももから持ち上げるようにして上げます。

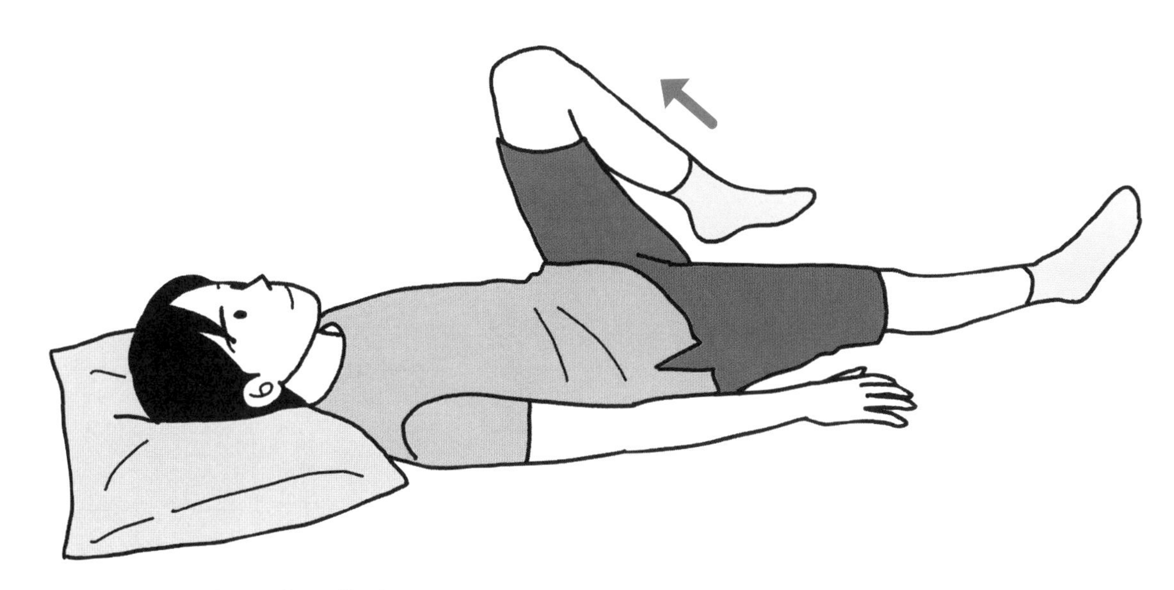

❸反対も同様に上げる

片脚が終わったら、反対の脚もゆっくりと曲げます。

❹ブリッジ体操

両方の脚をそろえてお尻を上げます。背中を反るのではなく、お尻を締めるように力を入れます。

2 洗面をしながらの体操

歯磨き、洗面をしながら行う体操です。時間がもったいないというより、習慣化することで継続化できるのが強みです。❶❷は軽いスクワット、❸❹は軽いバランス練習になります。

難易度 2

❶洗面台の前に立つ

歯磨き、洗面のときに行う体操です。

❷ひざを曲げてプチスクワット

洗面をしながら、ひざを曲げると太ももを鍛えるプチスクワットになります。

➡腰が痛い方にもオススメです。

難易度 3

❸ハミガキ粉をつけながら片足立ち

ハミガキ粉をつけるときなど、片足立ちするとプチバランストレーニングになります。

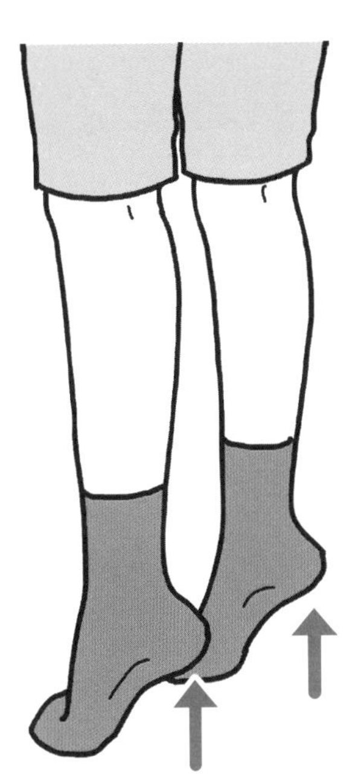

❹歯磨き時はつま先立ち

歯磨きのときは両足のかかとを上げてつま先で立つとプチバランストレーニングになります。

➡上げたままより、上げ下げを何回か行うとよいでしょう。

3 お茶などしながら体操

お茶などの時間にテーブルに着いたら、いすからの立ち上がりの体操ができます。お茶を飲みながらかかとを上げたりして足首も鍛えましょう。軽いバランス練習とスクワットになります。

難易度 1～2

❶いすに座る

テーブルに着いているときも体操のチャンスです。

❷かかと上げたり下げたり

かかとを上げたり下げたりして、ふくらはぎと足首を鍛えましょう。

❸背中を立てて腰を伸ばす

かかとの上げ下げが終わったら、背中を立てて腰を伸ばします。

❹お辞儀をして立ち上がり

十分にお辞儀をして、ひざに力を入れて腰を浮かせます。

❺ひざを使って立ち上がり

ひざを使いお辞儀をすることで腰が浮きやすくなります。

➡テーブルに手をついてもかまいません。

4 空いた時間の簡単スクワット めやす 10回

空いた時間があったら、すぐにできる手軽なスクワットがおすすめです。簡単な体操ですが、太ももとふくらはぎの強化に効果抜群です。

難易度 3〜4

❶壁に向かって腕を伸ばす

壁に向かって軽く届く程度に腕を伸ばします。

❷少しずつしゃがむ

壁を押さないように、少しずつひざを曲げて腰を下ろします。

➡深すぎないように注意しましょう。深くしゃがめば難易度が上がります。

❸無理をしない程度に

ひざを痛めないように無理をしない程度でかまいません。

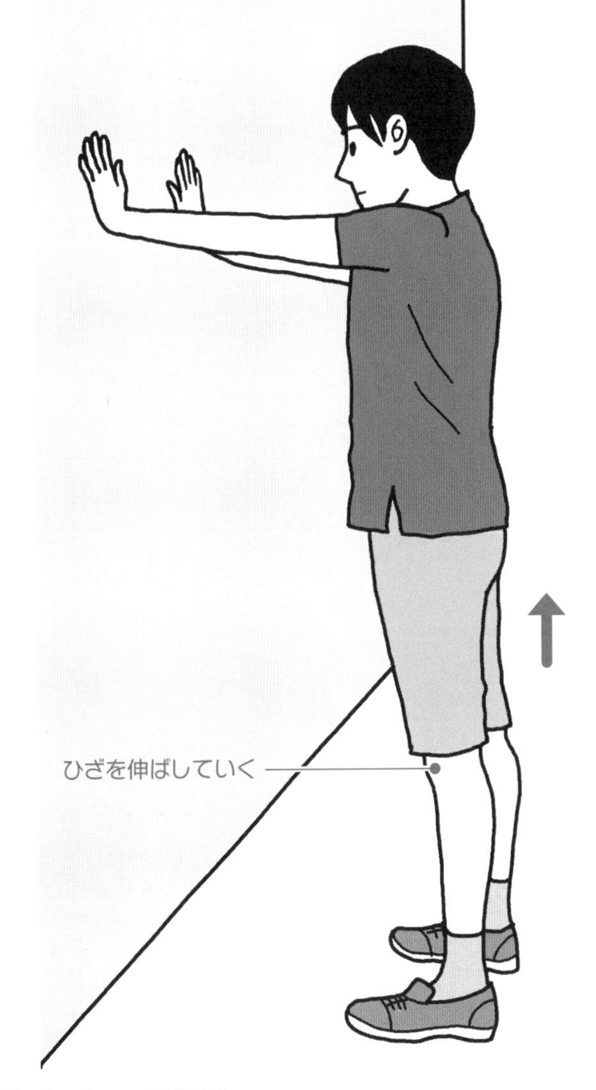

❹もとに戻る

十分にしゃがんだら、ひざをゆっくり伸ばしてもとに戻ります。

5 寝ながらできる太ももストレッチ めやす 2～3回

朝起きたときや就寝前のベッドの上で簡単な太もものストレッチが有効です。腰痛の改善に役立ちます。腰やひざなどが痛いときは無理しないでください。
➡テレビなどを観ながら行っても効果的です。

難易度 1～2

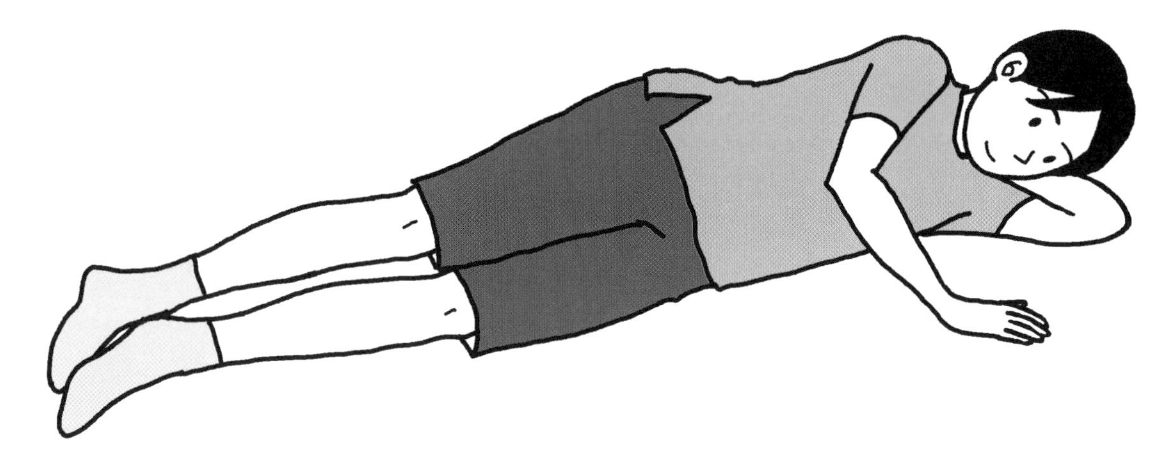

❶横になる

床に脚を伸ばして横になります。

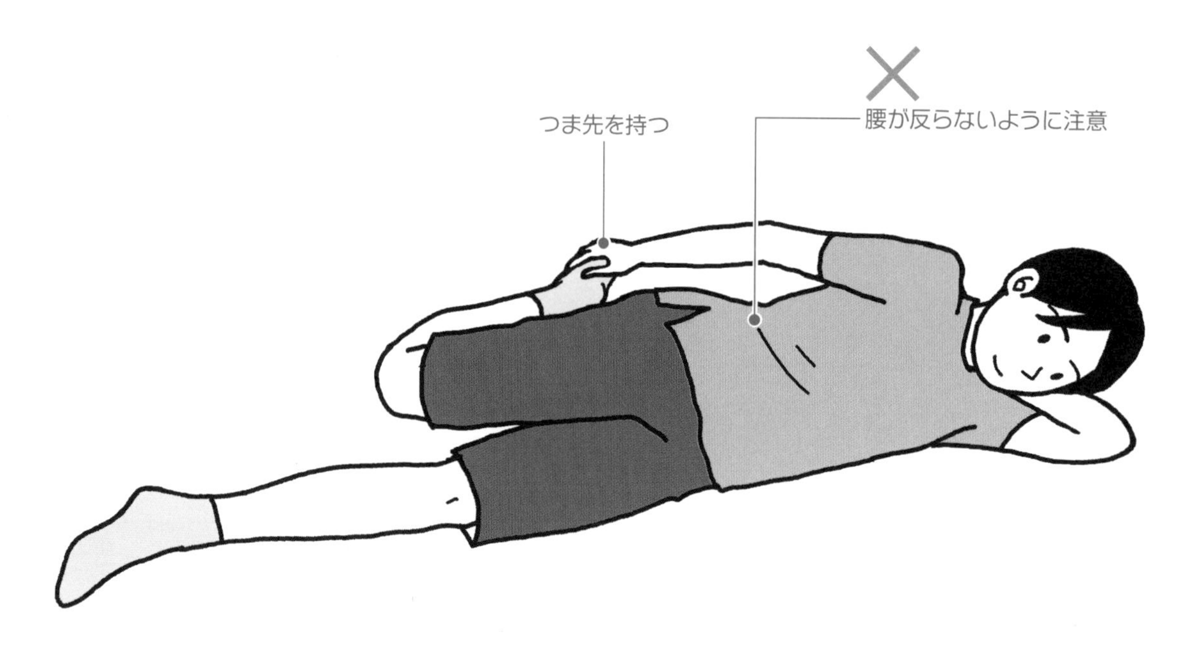

❷つま先を持ってひざを曲げる

つま先を持って引っぱります。ひざを曲げながら太ももを伸ばすようにします。

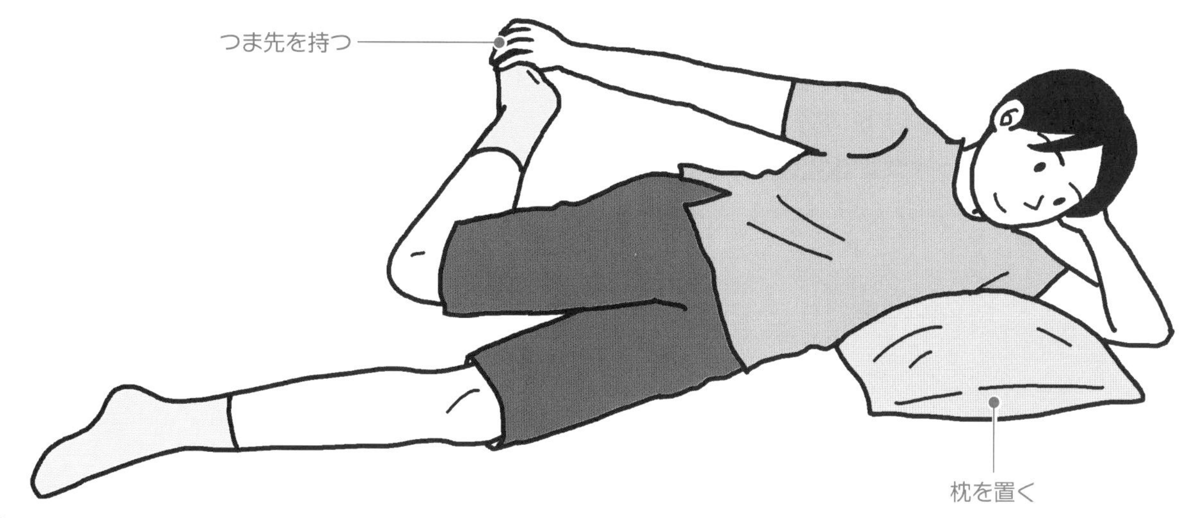

❸枕を使ってもよい

腕の下に枕を置いて体を起こして行うのもよいでしょう。

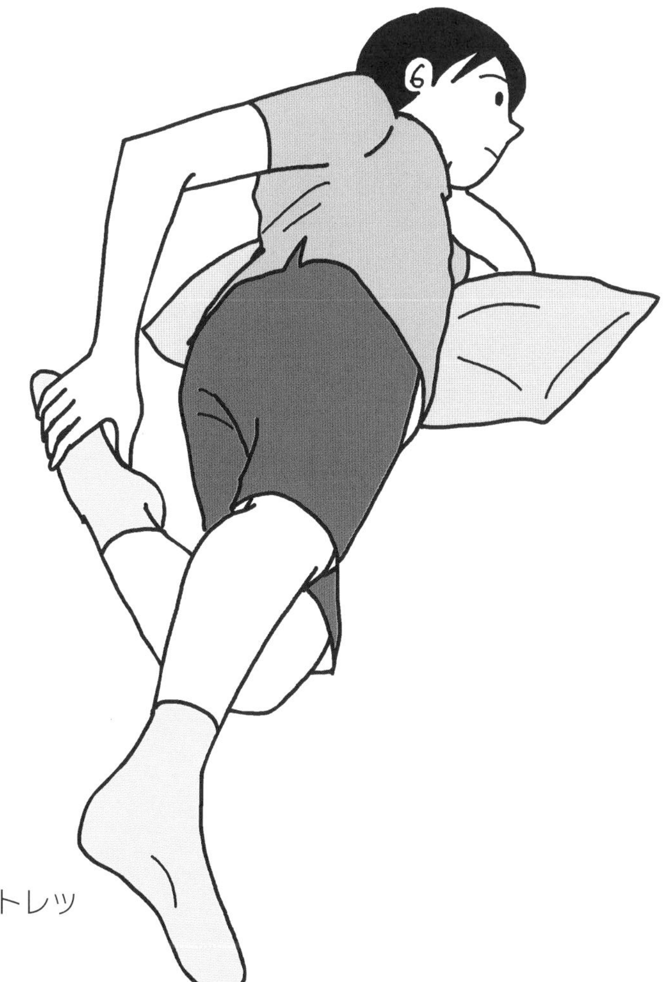

❹もう一方の脚の太もものストレッチ

同じ向きのまま、もう一方のひざを曲げ、ストレッチを行います。

6 寝ながらできる筋トレとストレッチ めやす 2〜3回

寝ながら行うお尻や腰あたりの筋トレとストレッチに役立つ習慣です。腰痛の改善に役立ちます。主に中殿筋の筋トレ（❶❷）と腰のストレッチ（❸❹）になります。
➡テレビなどを観ながら行っても大丈夫です。

難易度 1〜2

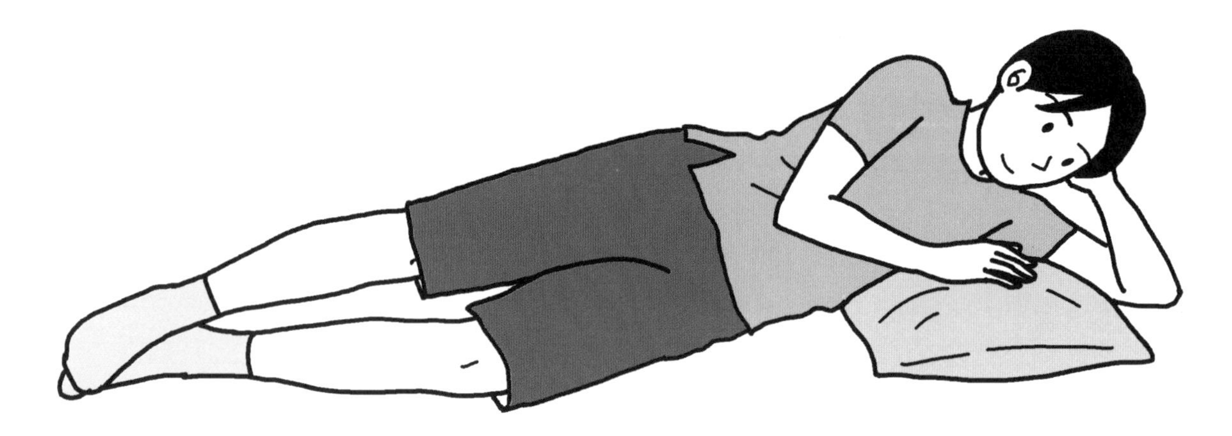

❶横になる

床に脚を伸ばして横になります。

❷脚を横に上げる

脚を開くようにして横に上げます。中殿筋の筋トレに役立ちます。

❸横向きのまま脚を上げる

横向きに寝て、上げた脚を曲げ、ひざを床に着けます。この運動は腰の大殿筋あたりのストレッチになります。

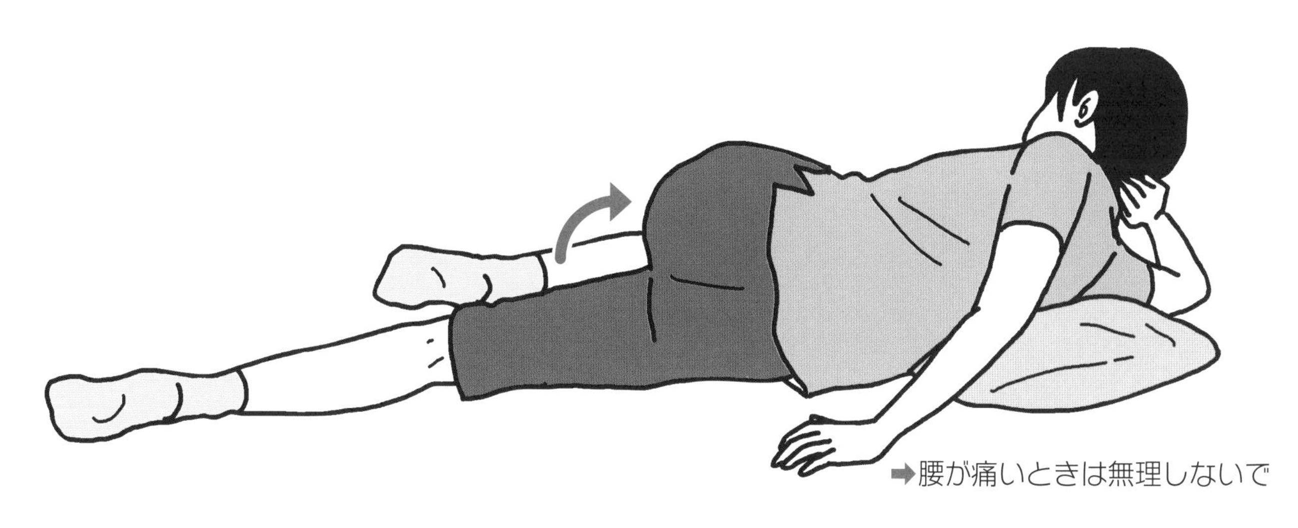

❹反対の脚も行う

向きを変えて反対側も行います。

7 着替えに必要な体操（上着）

上着を着るためには腕や肩甲骨周りの動きが大切です。上着を着ることで体操にもなりますし、上着を着るときに運動をしてみることも有効です。肩甲骨の動きを良くします。

難易度 2

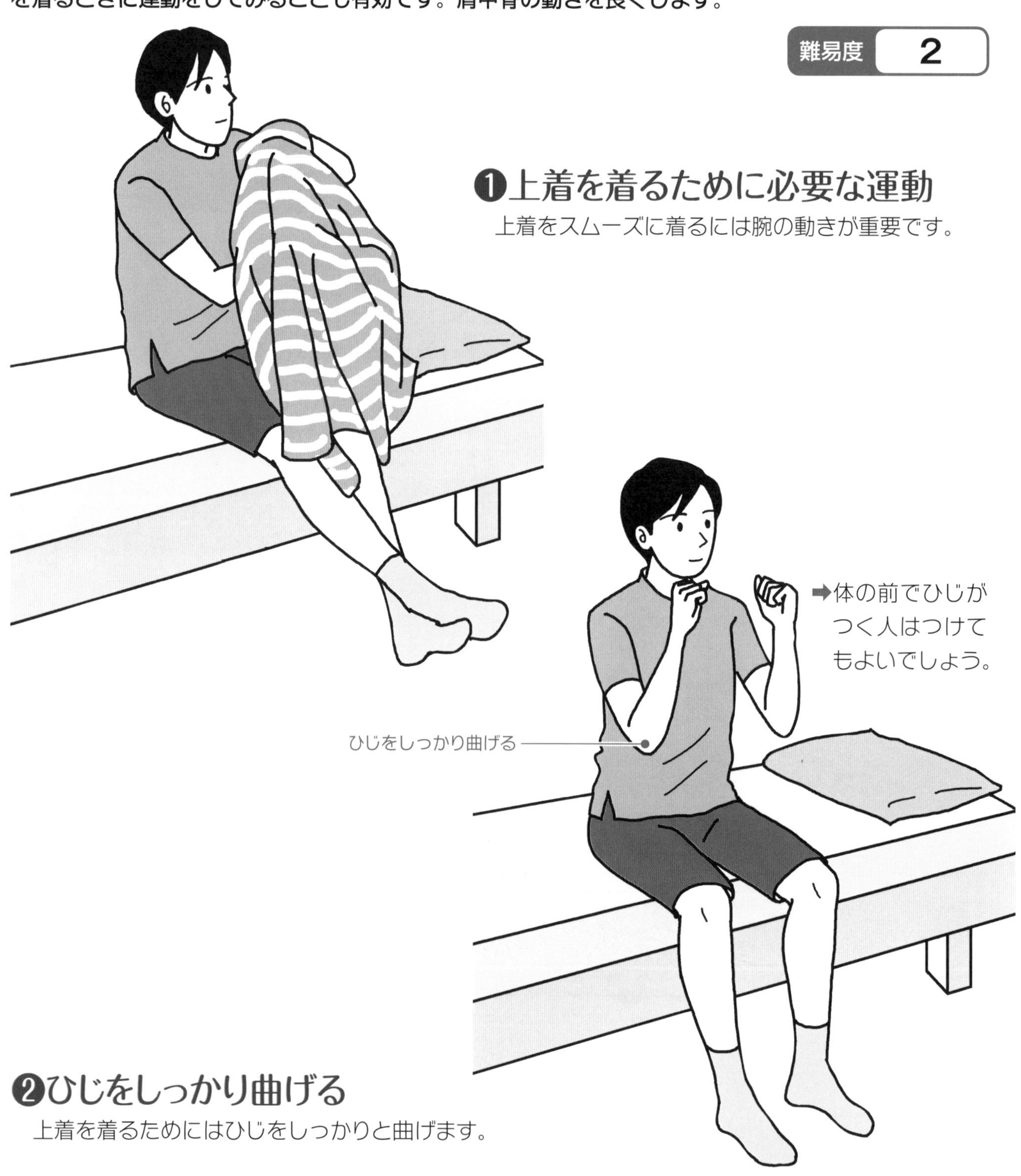

❶上着を着るために必要な運動

上着をスムーズに着るには腕の動きが重要です。

❷ひじをしっかり曲げる

上着を着るためにはひじをしっかりと曲げます。

❸肩甲骨を近づける

　左右の肩甲骨を近づける運動は背筋の強化に役立ちます。

❹後ろから見ると

胸を張って左右の肩甲骨を近づけます。

8 着替えながら体操（ズボン）

ズボンの着脱はバランス感覚が求められます。大きく脚を上げたり立位を保ったりすることで腹筋を使ったり、バランス機能を使ったりするので、転倒予防の感覚が身につきます。

難易度 2〜3

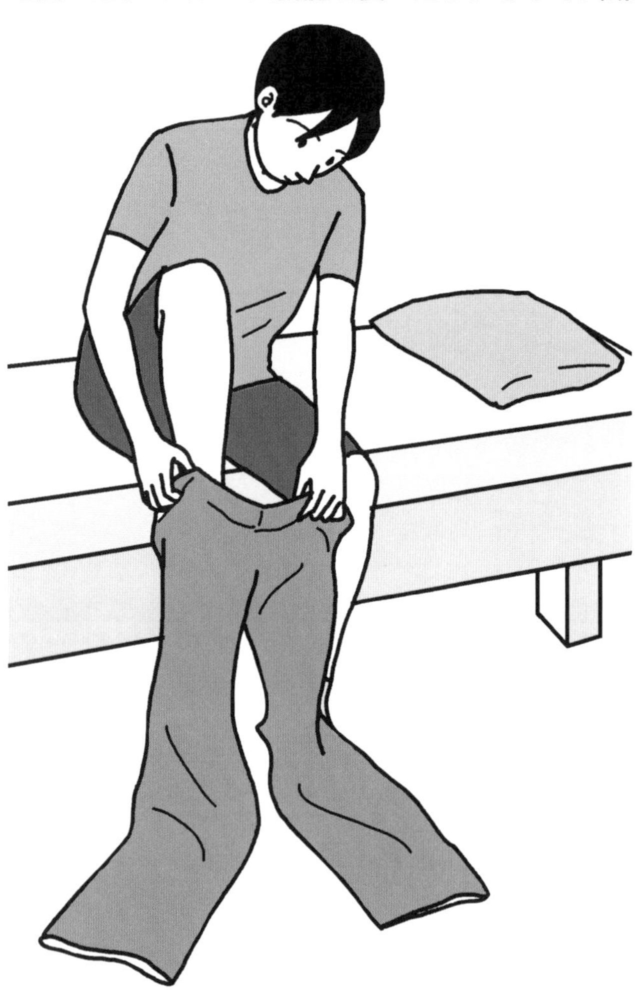

❶座ってズボンを履く

ズボンを履くときは大きく脚を上げます。大きく上げることでバランスがとれます。

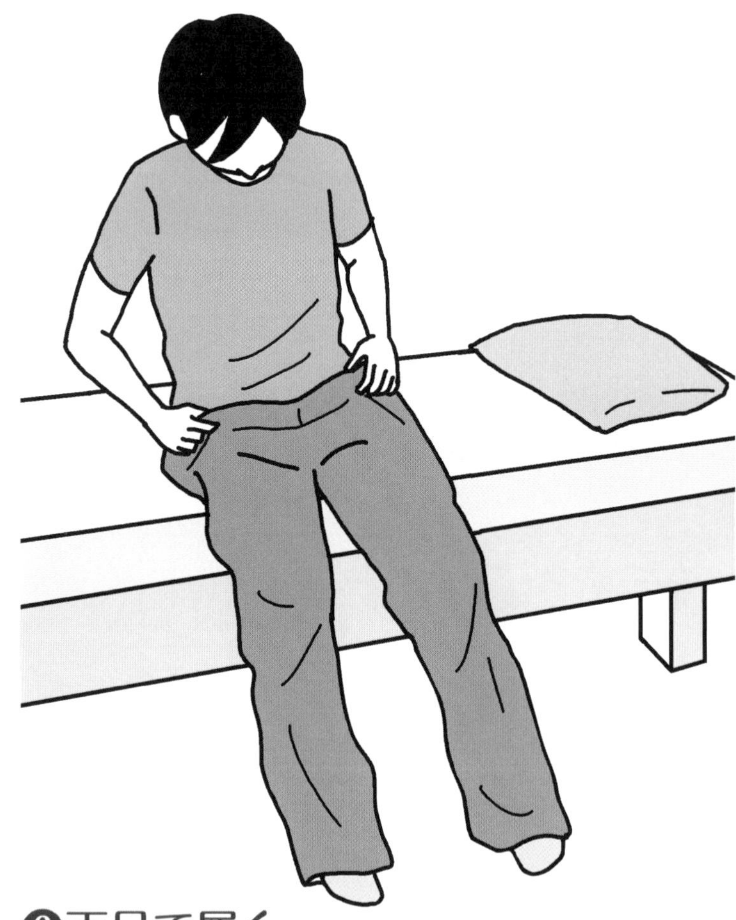

❷両足で履く

片脚でズボンが履けたら、もう一方の脚もズボンに入れます。

❸しっかり立位を保つ

履き終わったらしっかり立位を保ち、ふらつかないようにします。

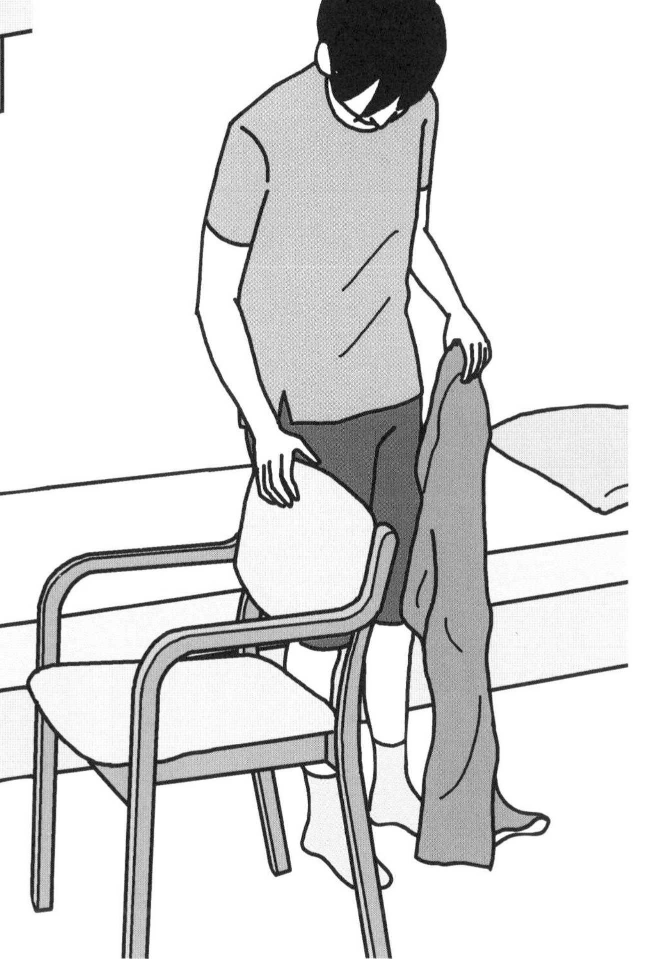

❹いすなどにつかまって

いすの背や手すりにつかまってバランスの補助を行う方法もあります。

column

安全にトレーニングを続けるために気をつけたいこと

本書で紹介している転倒予防トレーニングはどれも、日常の中で無理なくできるものばかりですが、長く運動を続けるためには、体調を崩さないように安全に行うことが大切です。少し体調が変だと感じたら無理して続けるのは危険です。とくに持病のある人は、健康維持に有効な運動でも、逆に健康を損ねることもあります。持病のある人はかかりつけ医に「こんな運動をしたいがどうか?」と相談しましょう。そのうえで、下記のポイントに注意して楽しく運動を続けましょう。

安全に行うためのポイント

①血圧が高いときは行わない

日ごろから血圧が高めの人は要注意。筋トレ中に呼吸を止めて力んだりすると血圧が瞬間的に上昇することがあります。脳血管疾患などを誘発する恐れがあります。運動の前には必ず血圧を測り、高めのときは中止しましょう。

②食後すぐや空腹時は行わない

食後すぐに体を動かすと消化不良を起こすことがあります。食後1時間は避けましょう。また空腹時も立ちくらみなどを起こす心配があります。

③呼吸に気をつかう

体を動かすときは息を吸って準備をし、実際に体を動かすときは吐きながら行います。筋トレの種類によっては息を止めて行うものもありますが、血圧が高めの人や高齢者は無理をするのは危険です。

④脱水に気をつける

トレーニングを行うと体が脱水状態になることもあるので、こまめな水分補給が大切です。とくに夏場に行うときは、15分に1回くらいのペースで水を飲みましょう。

とくに高齢者は避けたい3つの無理

①運動量の無理

効果を期待するあまり、ついオーバーワークになってしまう人がいます。運動量・運動時間の無理はかえって健康を損ねることがあるので注意しましょう。

②体調の無理

体調がすぐれないのに無理して運動するのは危険です。発熱や体に痛みがあるときやだるいとき、睡眠不足のときはやめましょう。

③痛さの無理

体を曲げたり伸ばしたりするとき、痛みを感じたら、それ以上続けるのは危険です。どんな運動も「痛い」と感じる手前で止めるのがコツです。

第3章

元気なころから始めたい転倒予防体操

※本章中の各体操の「対象の抗重力筋＝」で紹介される筋肉の部位は、主に13ページの「体の主な抗重力筋」の図を参照してください。

筋力向上トレーニング

すぐに転ばないようにするには、人が立っている姿勢を維持するのに役立っているお尻や太もも、ふくらはぎといった「抗重力筋」と呼ばれる筋肉を鍛えることが重要です。一日のうち時間帯を決めて、継続的に行うことをおすすめします。

ふくらはぎを鍛える体操

1 つま先立ち

めやす **20回**

　バランスをとるために、若干足を広げても大丈夫です。ふくらはぎは、立位バランスや歩行に重要な役割を持っています。

●対象の抗重力筋＝腓腹筋（ひふくきん）など

難易度 **2**

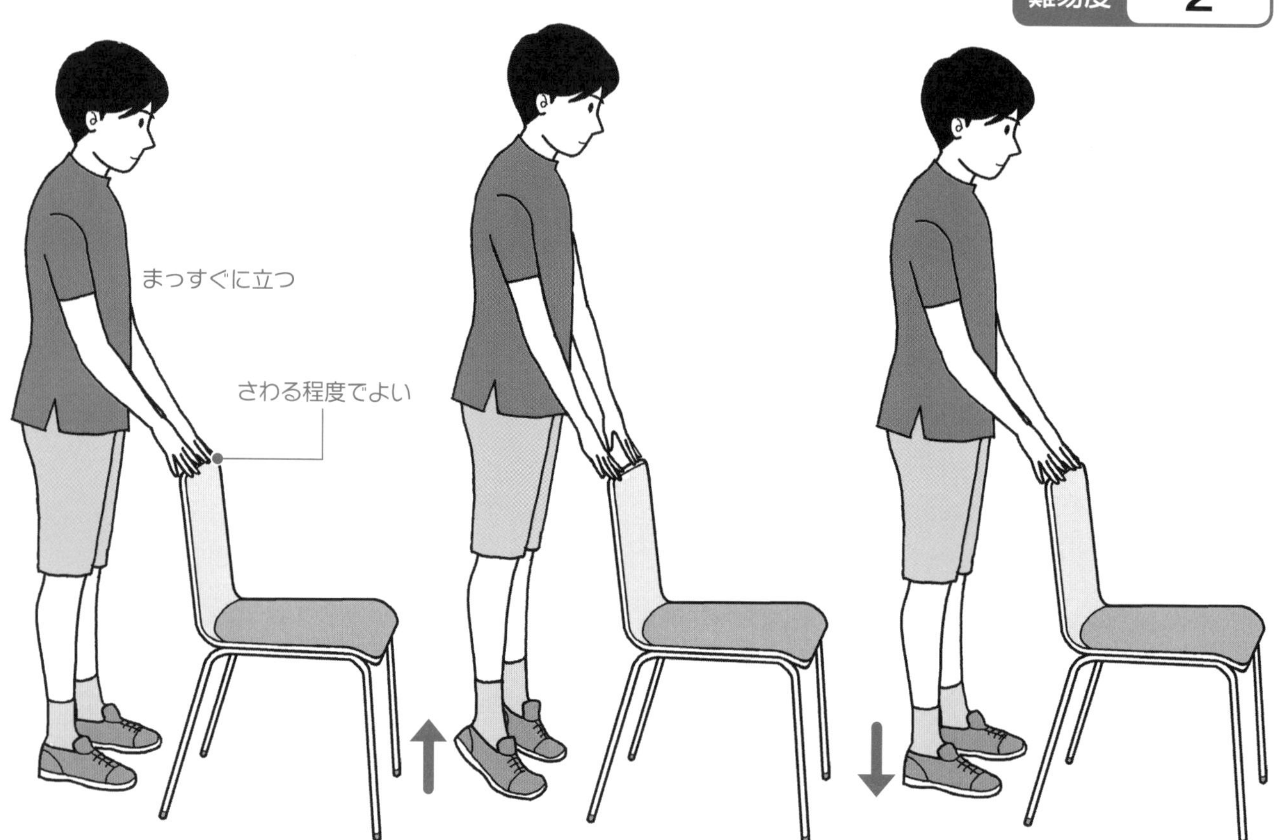

❶いすの背に手をおいて

　いすなどを前に置き、いすの背に手をおいて立ちます。

❷つま先立ちになる

　ゆっくりとかかとを上げてつま先立ちになります。

❸かかとを下ろす

　十分にかかとを上げたら、今度もゆっくりと下ろします。

2 片足でつま先立ち

めやす 20回

片足になることでバランスを必要とし、体重を片方の脚で支えることになるので、両足での「つま先立ち」よりやや難しい運動です。

●対象の抗重力筋＝腓腹筋など

難易度 3〜4

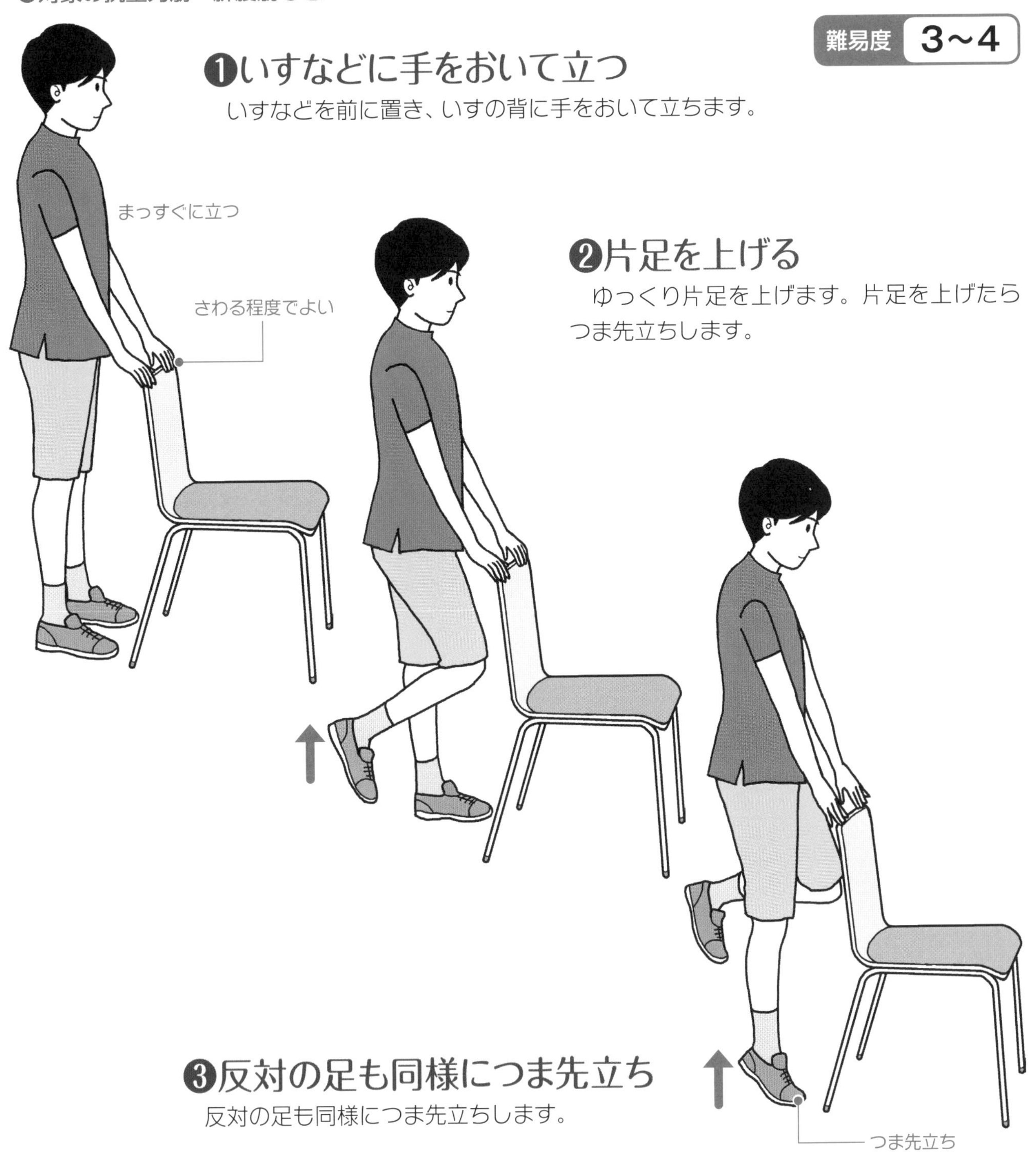

❶いすなどに手をおいて立つ

いすなどを前に置き、いすの背に手をおいて立ちます。

❷片足を上げる

ゆっくり片足を上げます。片足を上げたらつま先立ちします。

❸反対の足も同様につま先立ち

反対の足も同様につま先立ちします。

3 ひざを曲げてつま先立ち　めやす 10回

ヒラメ筋を鍛えるトレーニングです。ヒラメ筋はふくらはぎの深いところにあり、立ち上がりや歩行などに重要な役割を果たしています。

●対象の抗重力筋＝ヒラメ筋など

難易度 4

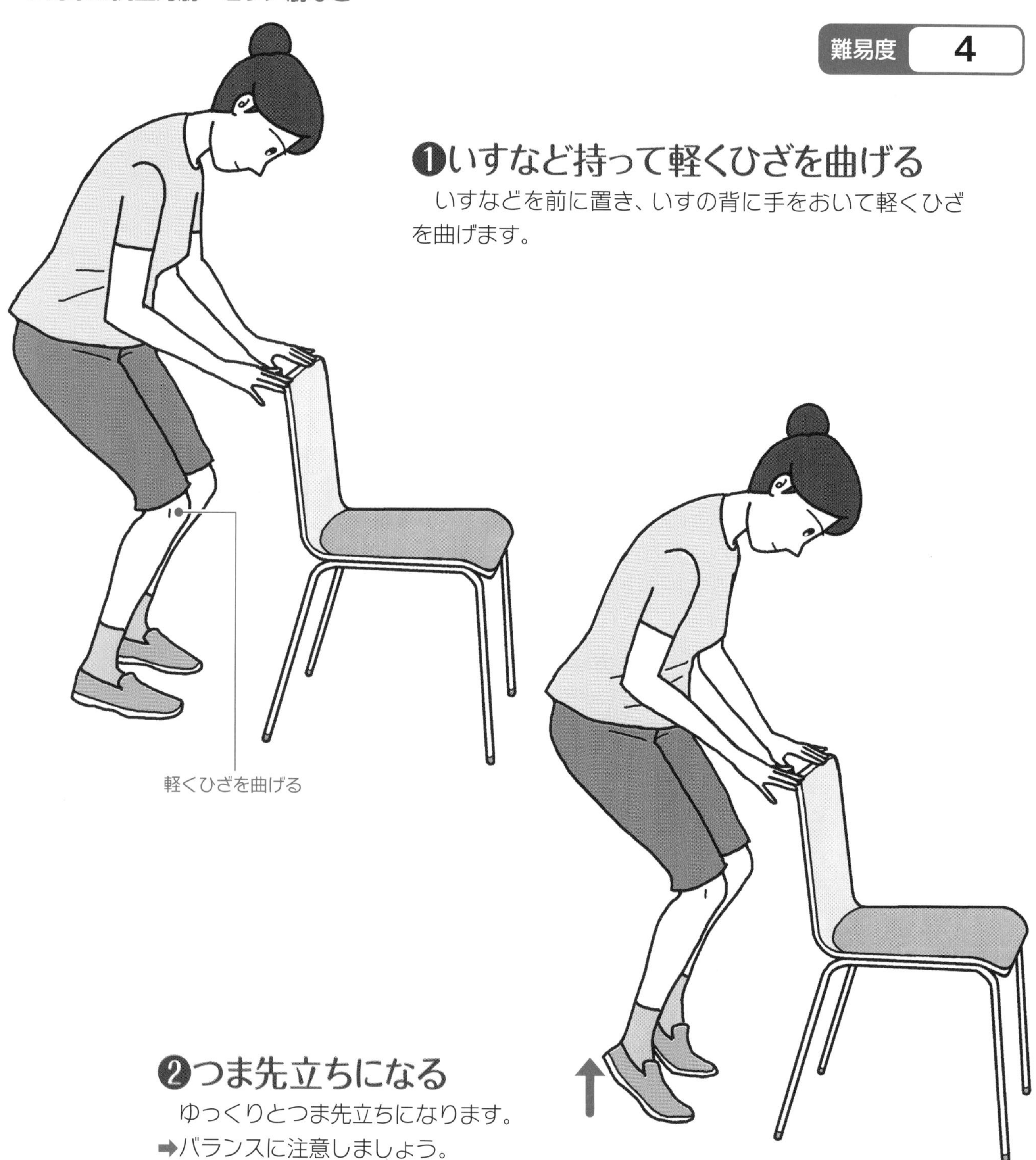

❶いすなど持って軽くひざを曲げる

いすなどを前に置き、いすの背に手をおいて軽くひざを曲げます。

❷つま先立ちになる

ゆっくりとつま先立ちになります。

➡バランスに注意しましょう。

難易度 4〜5

❸つま先立ちのまま、片方の足を上げる

片足で行うのはよりむずかしく負担が大きいので無理はしないようにします。

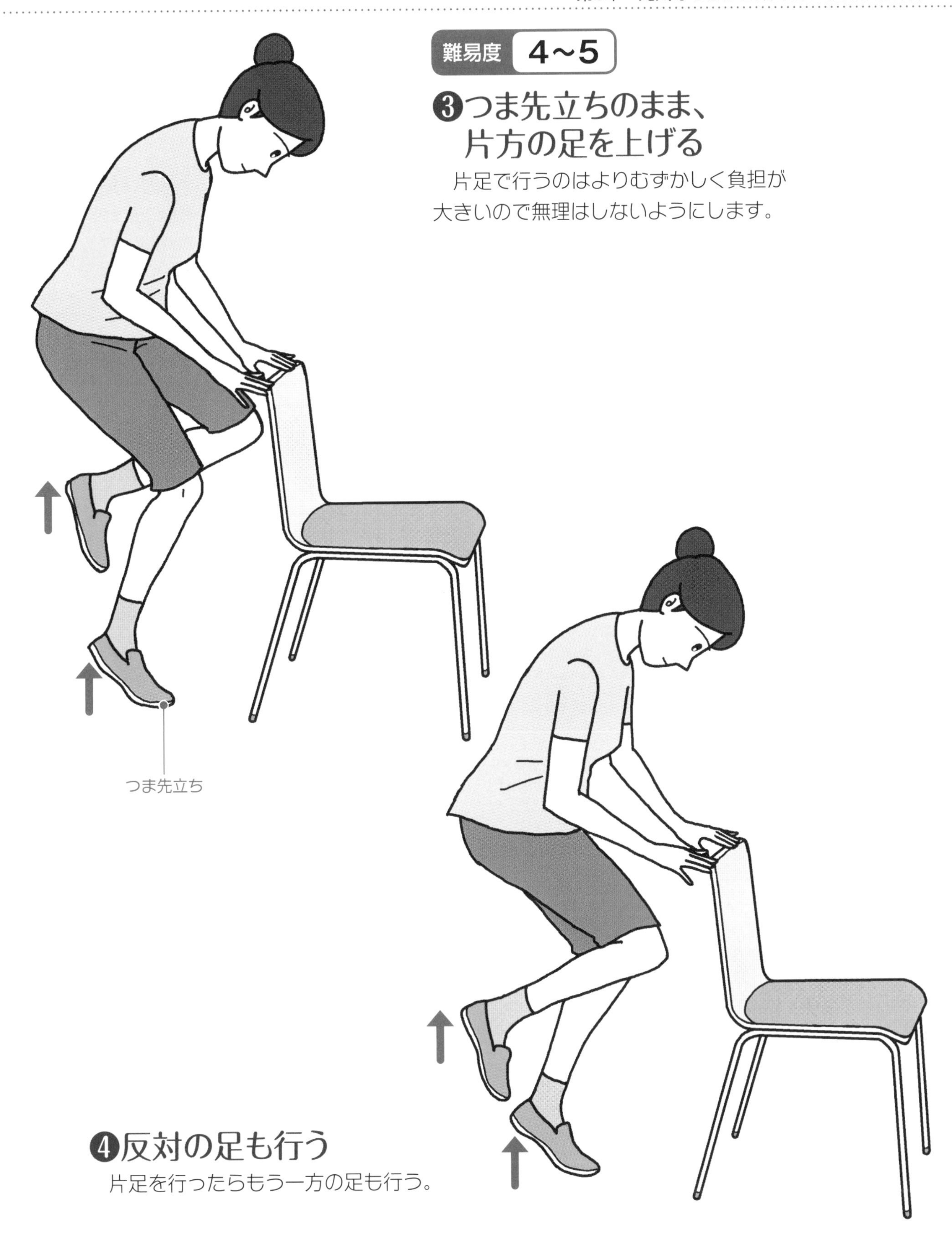

❹反対の足も行う

片足を行ったらもう一方の足も行う。

4 いすを使わないつま先立ち　めやす 20回

バランスに余裕のある人は、いすなどを用いずにバランスをとりながらのつま先立ちも有効です。ただし、無理はしないように。

●対象の抗重力筋＝腓腹筋など

難易度　3

❶何も用いずに立つ

いすなどを使わないとよりバランス感覚が必要になります。

❷つま先立ちになる

ゆっくりかかとを上げて、しばらくつま先立ちになります。

5 つま先を上げる

めやす **20回**

前脛骨筋は向こうずねの前面にあり、後方へのバランスに重要です。この筋肉は、歩行時につまずかないようにつま先を上げる役割があるので、この機能が低下すると段差などにつまずきやすくなります。

●対象の抗重力筋＝前脛骨筋

難易度 **3**

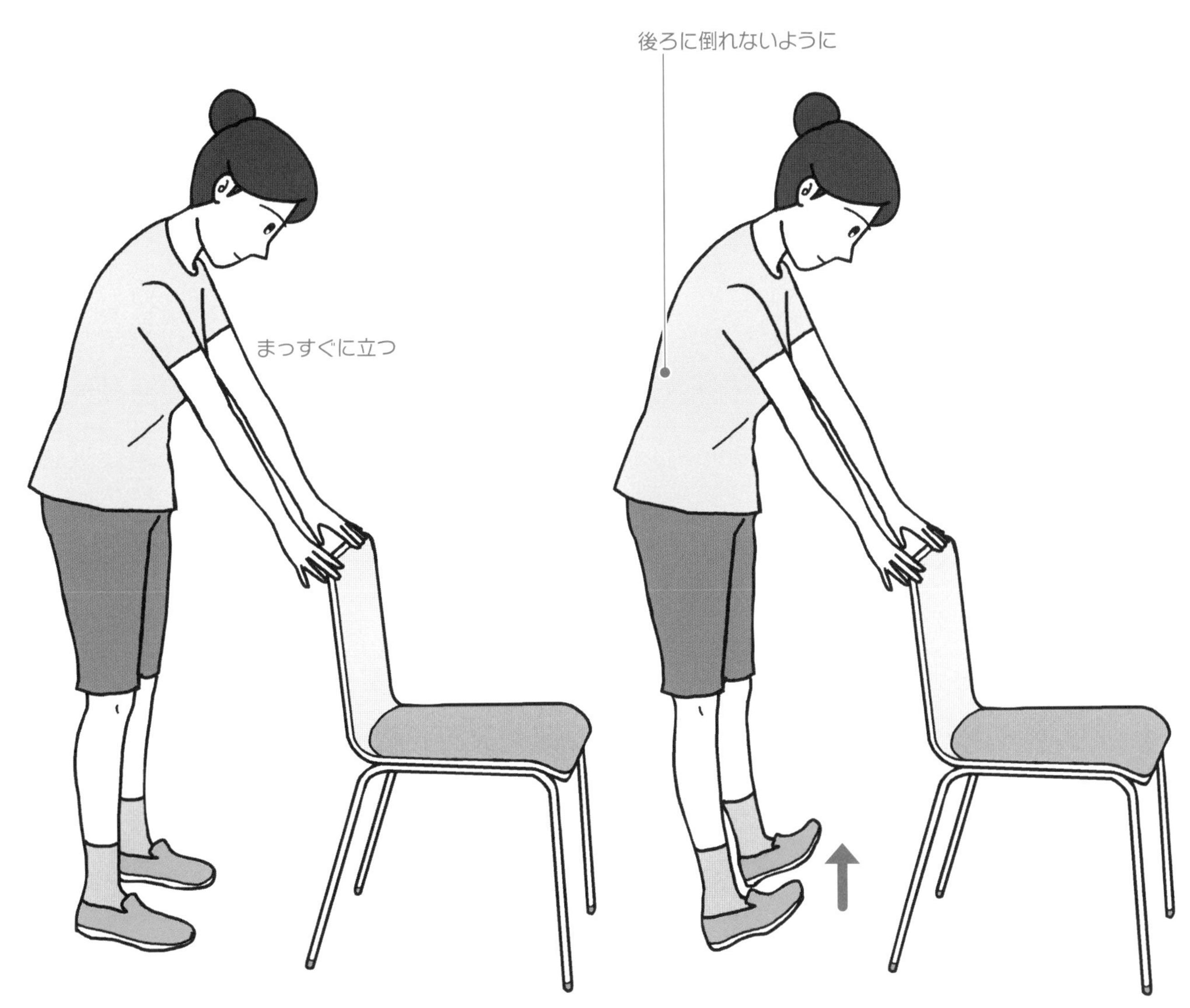

❶いすなどに手をおいて立つ

いすなどを前に置き、いすの背に手をおいて立ちます。

❷つま先を上げる

後ろに倒れないように注意しながらゆっくりとつま先を上げます。

➡いすが動くので引っ張らないように注意しましょう。

お尻の筋肉を鍛える体操

1 足を後ろに上げる

めやす 10回

お尻の表面にある大きな筋肉（大殿筋）は、直立姿勢の保持や歩行に重要な役割を果たします。これはこの大殿筋を鍛える体操です。

●対象の抗重力筋＝ハムストリングス、大殿筋など

難易度 2

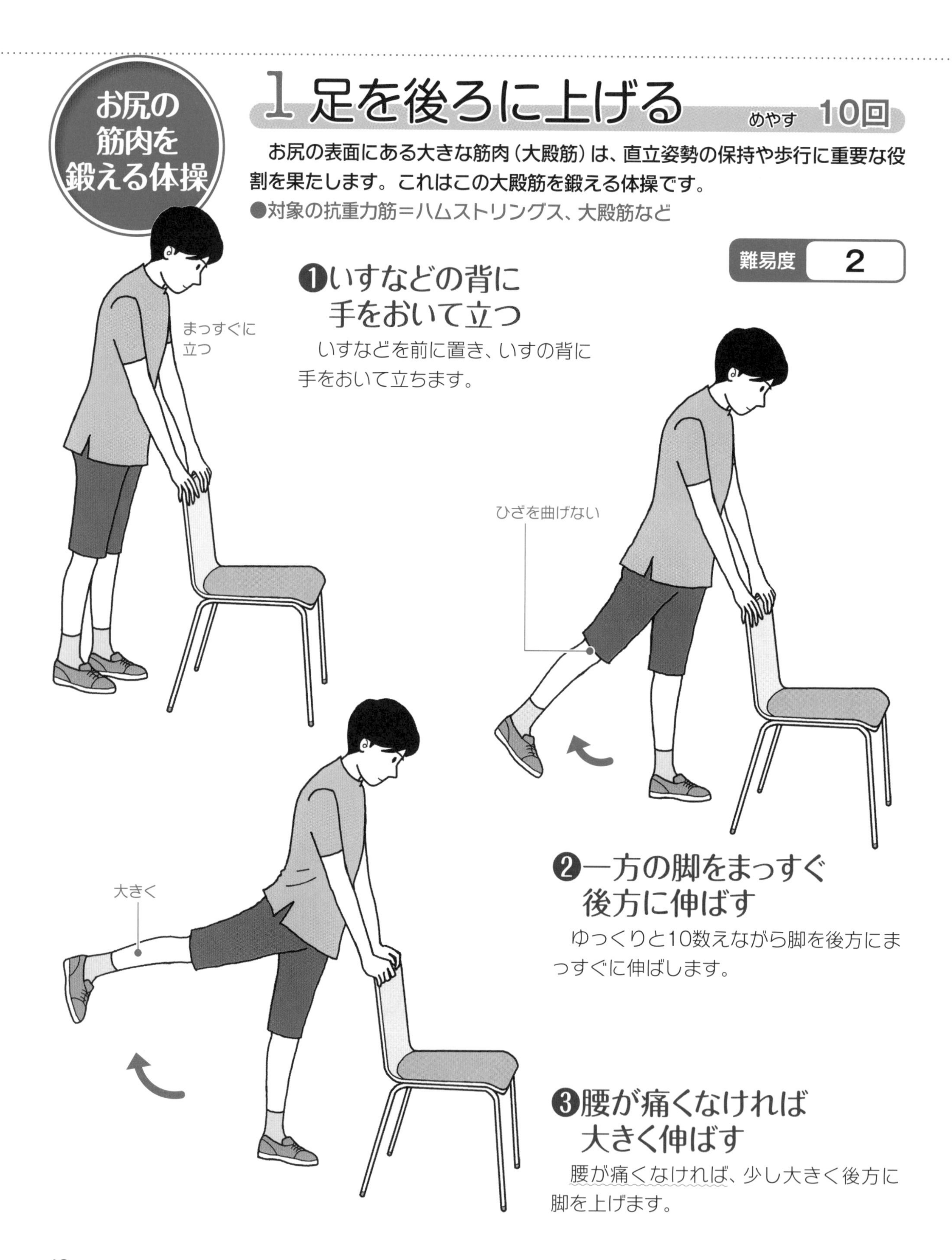

❶いすなどの背に手をおいて立つ

いすなどを前に置き、いすの背に手をおいて立ちます。

❷一方の脚をまっすぐ後方に伸ばす

ゆっくりと10数えながら脚を後方にまっすぐに伸ばします。

❸腰が痛くなければ大きく伸ばす

腰が痛くなければ、少し大きく後方に脚を上げます。

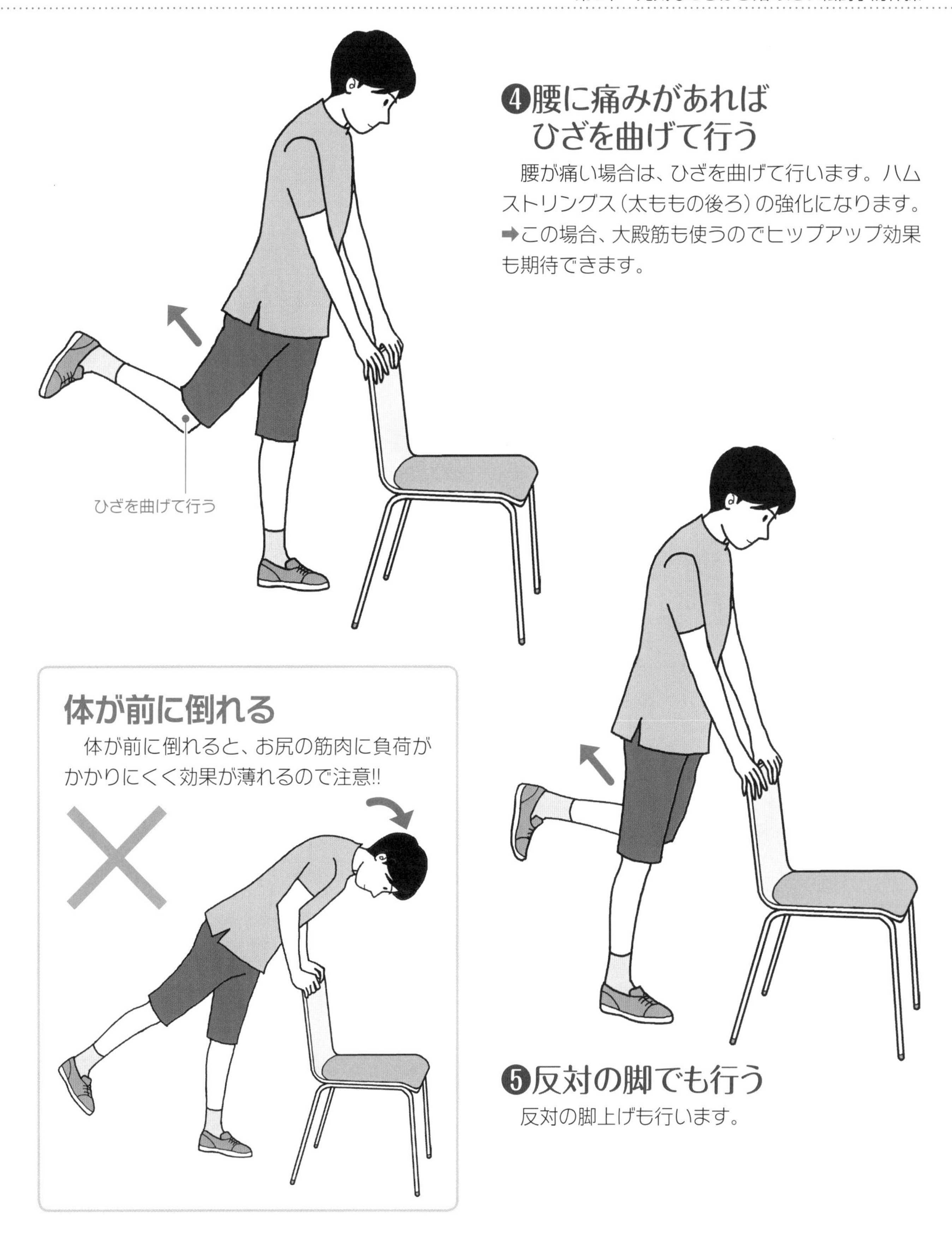

❹腰に痛みがあれば ひざを曲げて行う

　腰が痛い場合は、ひざを曲げて行います。ハムストリングス（太ももの後ろ）の強化になります。
➡この場合、大殿筋も使うのでヒップアップ効果も期待できます。

体が前に倒れる

　体が前に倒れると、お尻の筋肉に負荷がかかりにくく効果が薄れるので注意!!

❺反対の脚でも行う

反対の脚上げも行います。

2 足を真横に上げる

めやす 10回

大殿筋の外側にある筋肉（中殿筋）は、歩行や片足立ちの安定性を高めてくれる役割を果たす筋肉です。これはこの中殿筋を鍛える体操です。

●対象の抗重力筋＝中殿筋など

難易度 1～2

❶いすの背などに手をおいて立つ

いすなどを前に置き、いすの背に手をおいて立ちます。

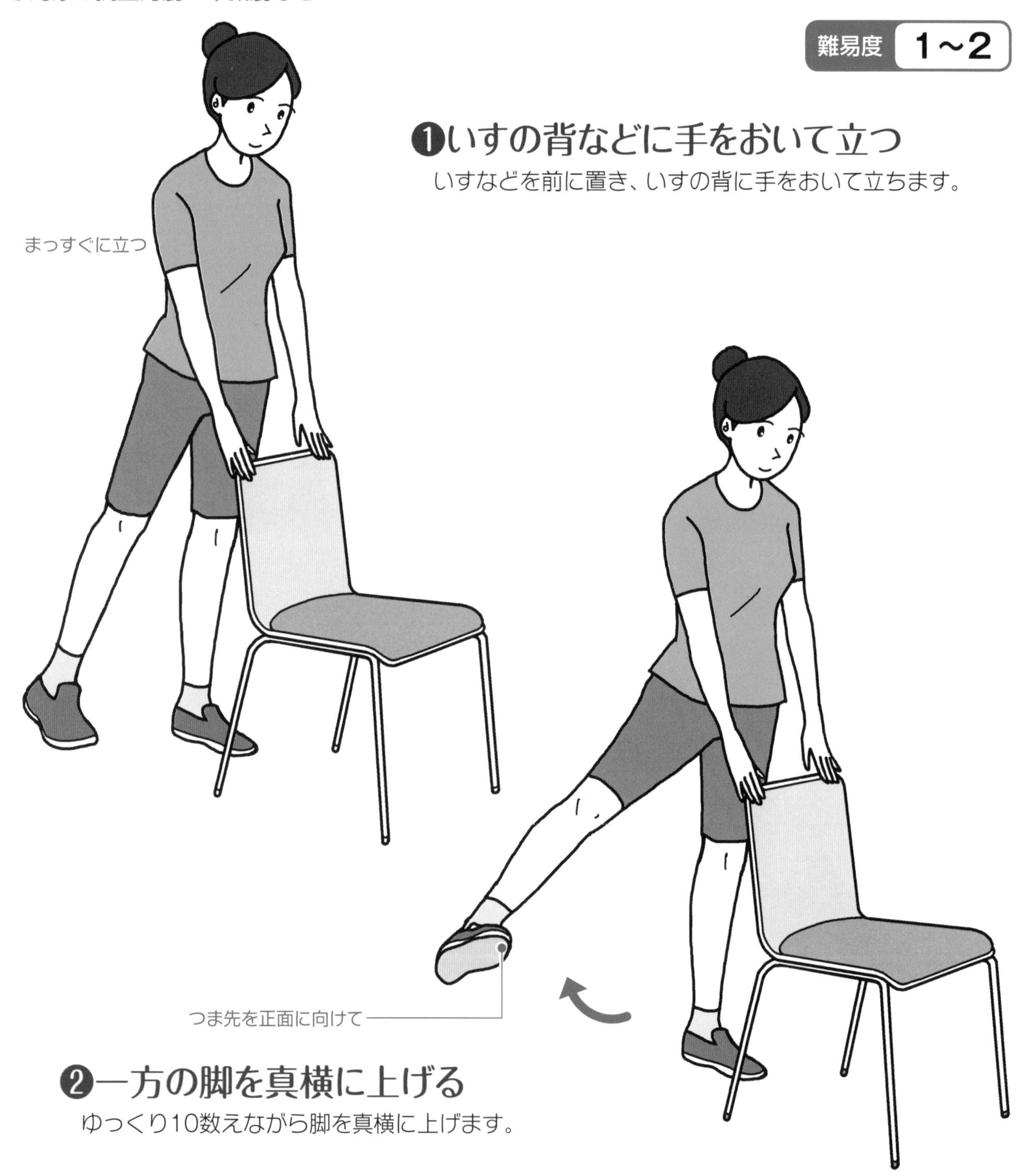

❷一方の脚を真横に上げる

ゆっくり10数えながら脚を真横に上げます。

体が横に倒れる
力が入りにくいので注意!!
つま先が上
つま先が上に向くと効果が薄れるので正面に向くようにします。

3 段差の上り下り

めやす　10回

踏み台や階段の上り下りで、お尻の筋肉と一連になっている太ももの筋肉を鍛えます。

●対象の抗重力筋＝大殿筋、大腿四頭筋、腓腹筋など

難易度　3

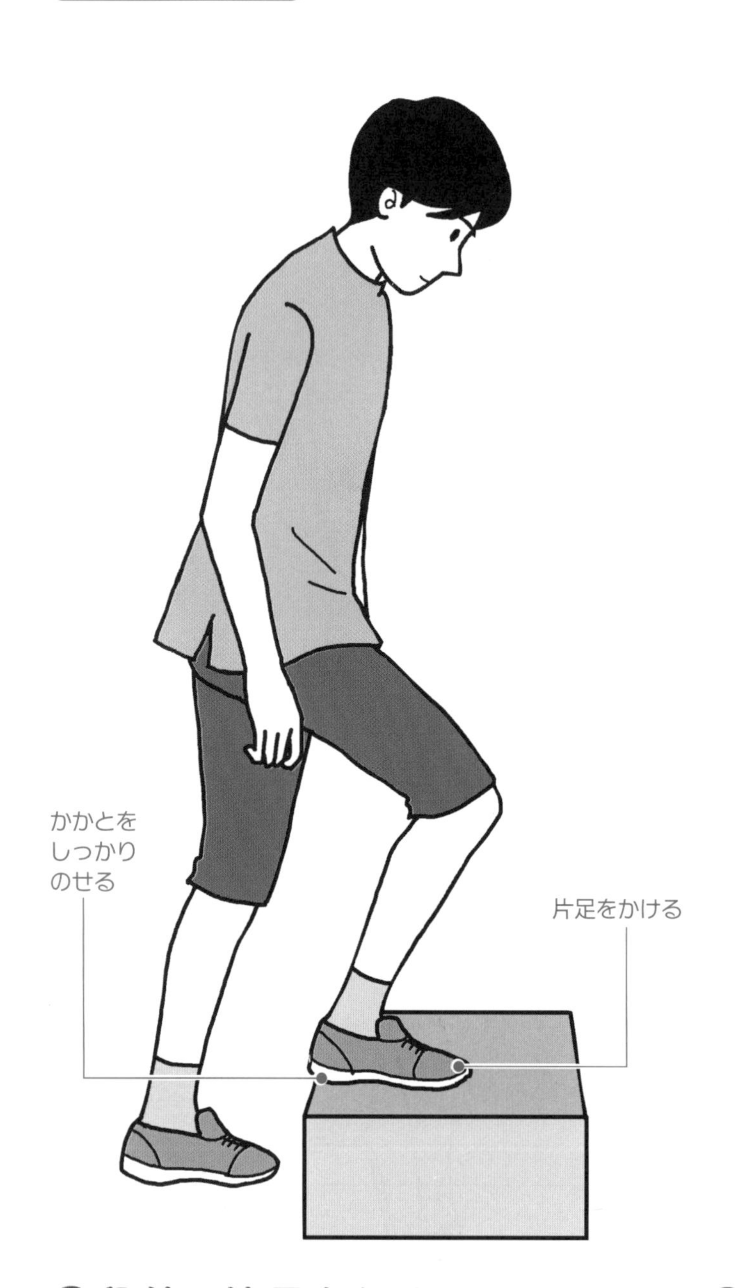

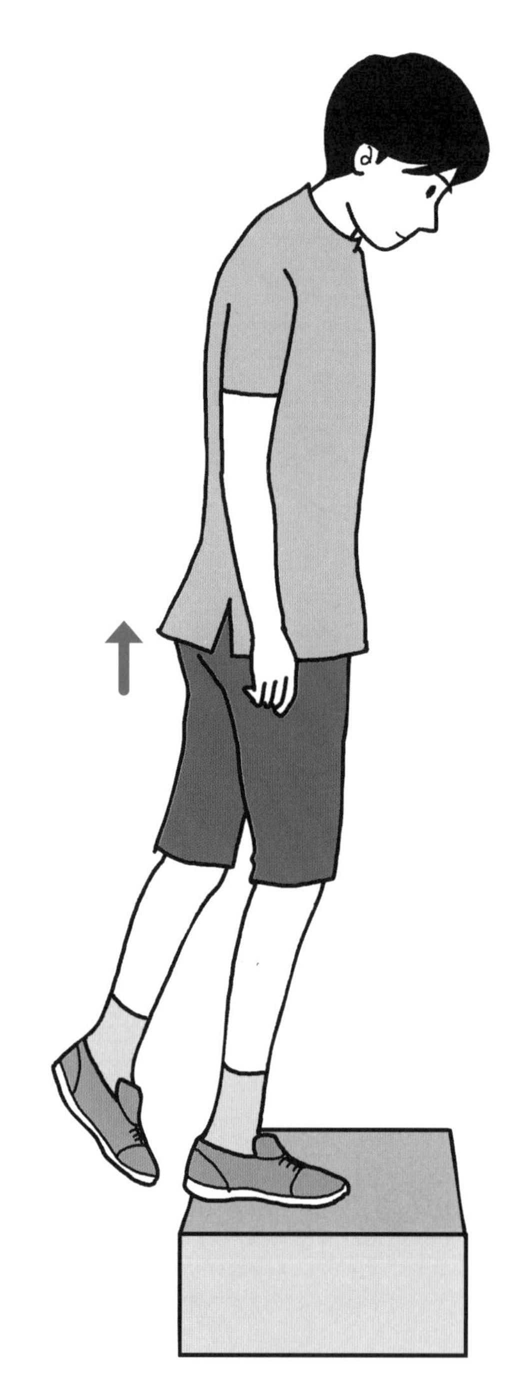

❶段差に片足をかける

15cmほどの段差に片足をかけます。

❷体を持ち上げる

体重を段差にのせた足にかけてゆっくり体を持ち上げます。

❸足を揃える

段差の上で両足を揃えます。

❹ゆっくり下りる

両足が揃ったら、先に上げた足からゆっくり下りる。反対の足も同様に行います。

太ももの筋肉を鍛える体操

1 スクワット

めやす 10回

太ももを鍛える体操ではスクワットが手軽で有効です。高齢者にはいすを使ったスクワットがおすすめです。

●対象の抗重力筋＝大腿四頭筋、前脛骨筋など

難易度 4

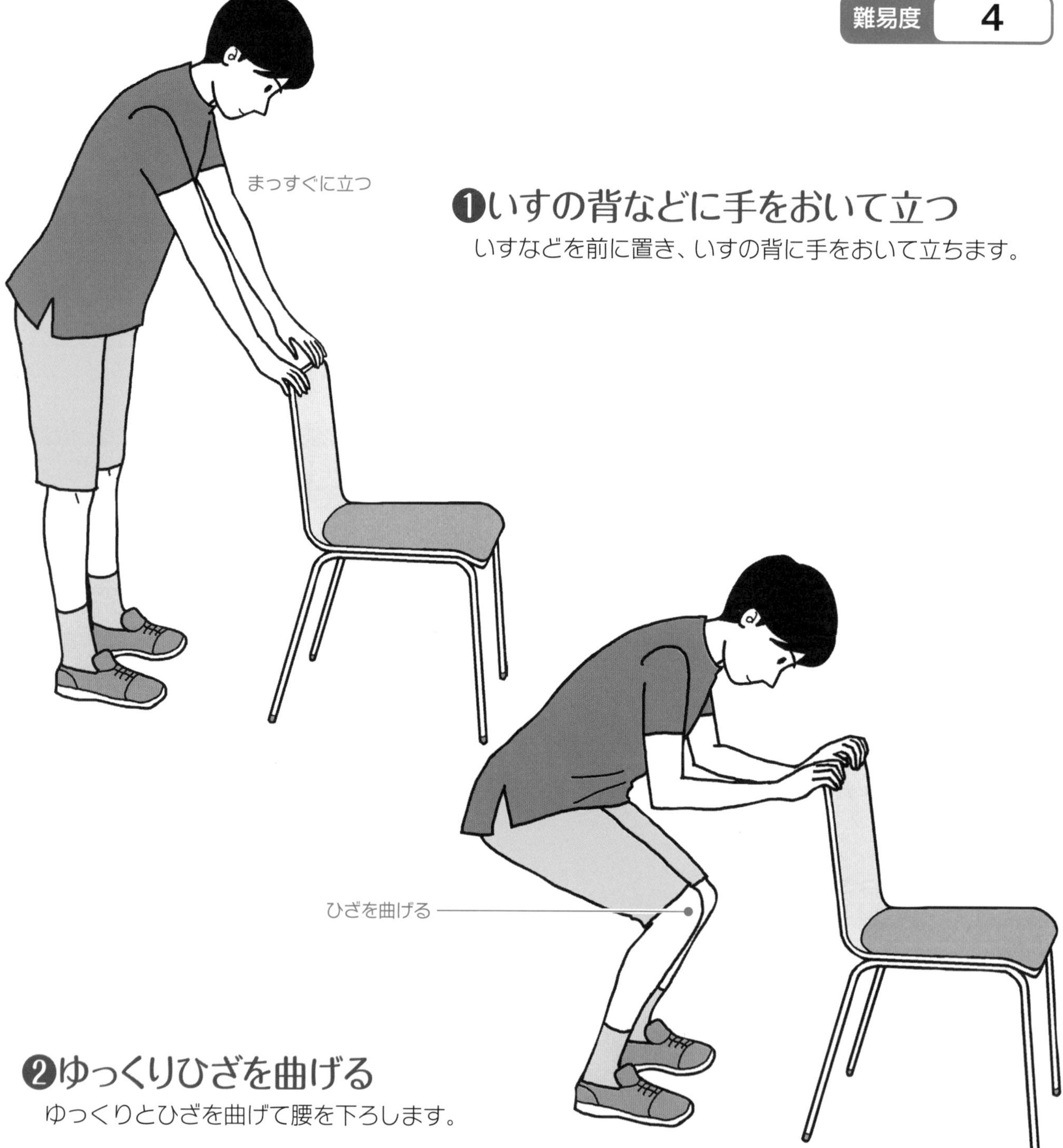

❶いすの背などに手をおいて立つ

いすなどを前に置き、いすの背に手をおいて立ちます。

❷ゆっくりひざを曲げる

ゆっくりとひざを曲げて腰を下ろします。

❸深く曲げる

可能であればできるだけ深く曲げますが、ひざに痛みを感じるようなら無理しないで。

❹ゆっくり立つ

十分にひざを曲げたら、「②ゆっくりひざを曲げる」の図とは逆に、ゆっくりひざを伸ばしながら腰を上げます。

❺いすを使わない場合

体をまっすぐにするように意識してひざを曲げていきます。

2 壁を使ったスクワット

めやす 10回

壁に沿って立つことで前屈みになることを防げるため、より太ももへの負荷が高くなり効果も上がります。

●対象の抗重力筋＝大腿四頭筋など

難易度 4～5

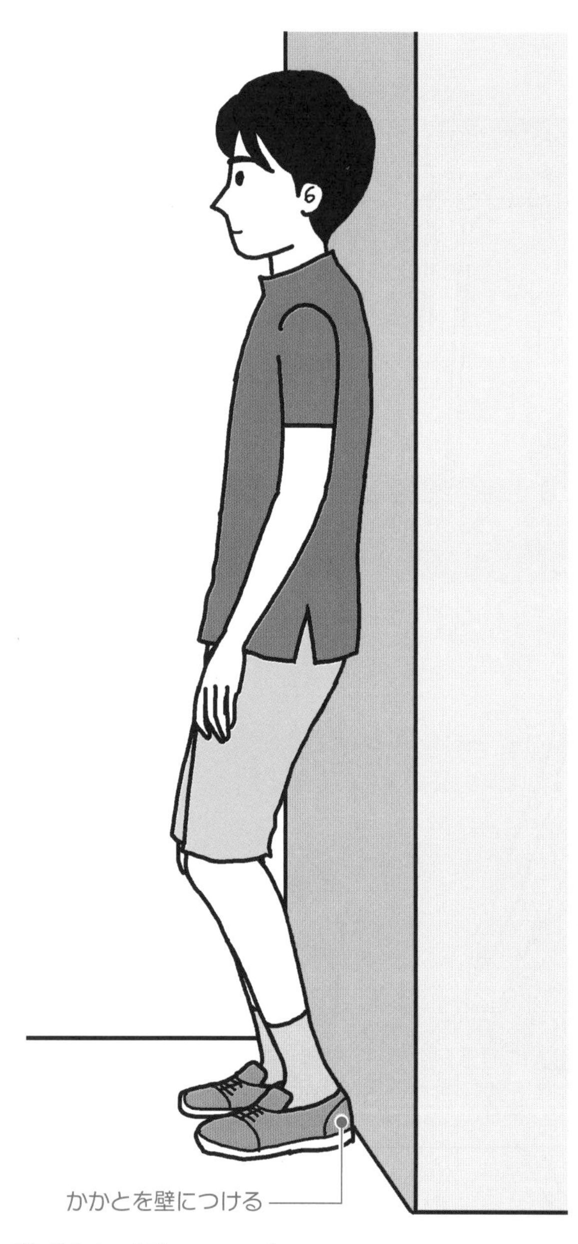

❶壁に沿って立つ

軽くひざを曲げて背を壁につけて立ちます。

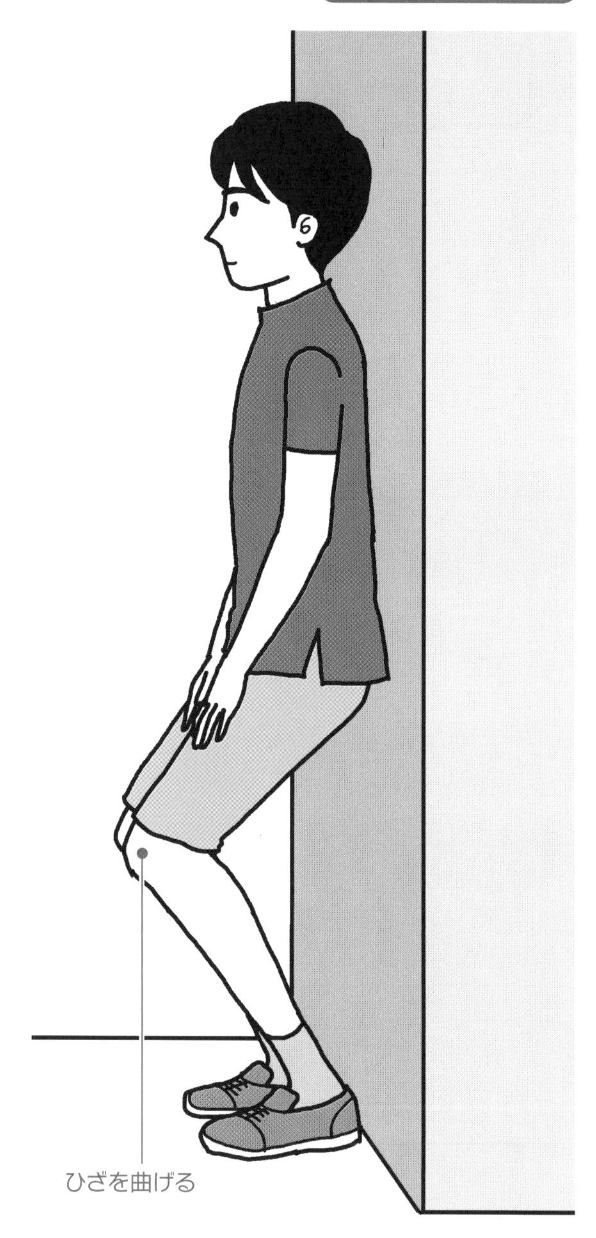

❷ゆっくりひざを曲げる

ゆっくりひざを曲げて腰を下ろしていきます。

➡少し曲げるだけで大丈夫。

3 股関節を上げる体操

めやす **20回**

脚を前に振り出すときに使う腸腰筋（ちょうようきん）を鍛えることで、軽く脚が前に出せるようになります。

●対象の抗重力筋＝腹筋など

腸腰筋＝腰椎と大腿骨を結ぶ筋肉群の総称で太ももの後ろ側。立位の保持や歩行に関係深い筋肉群。

難易度　2

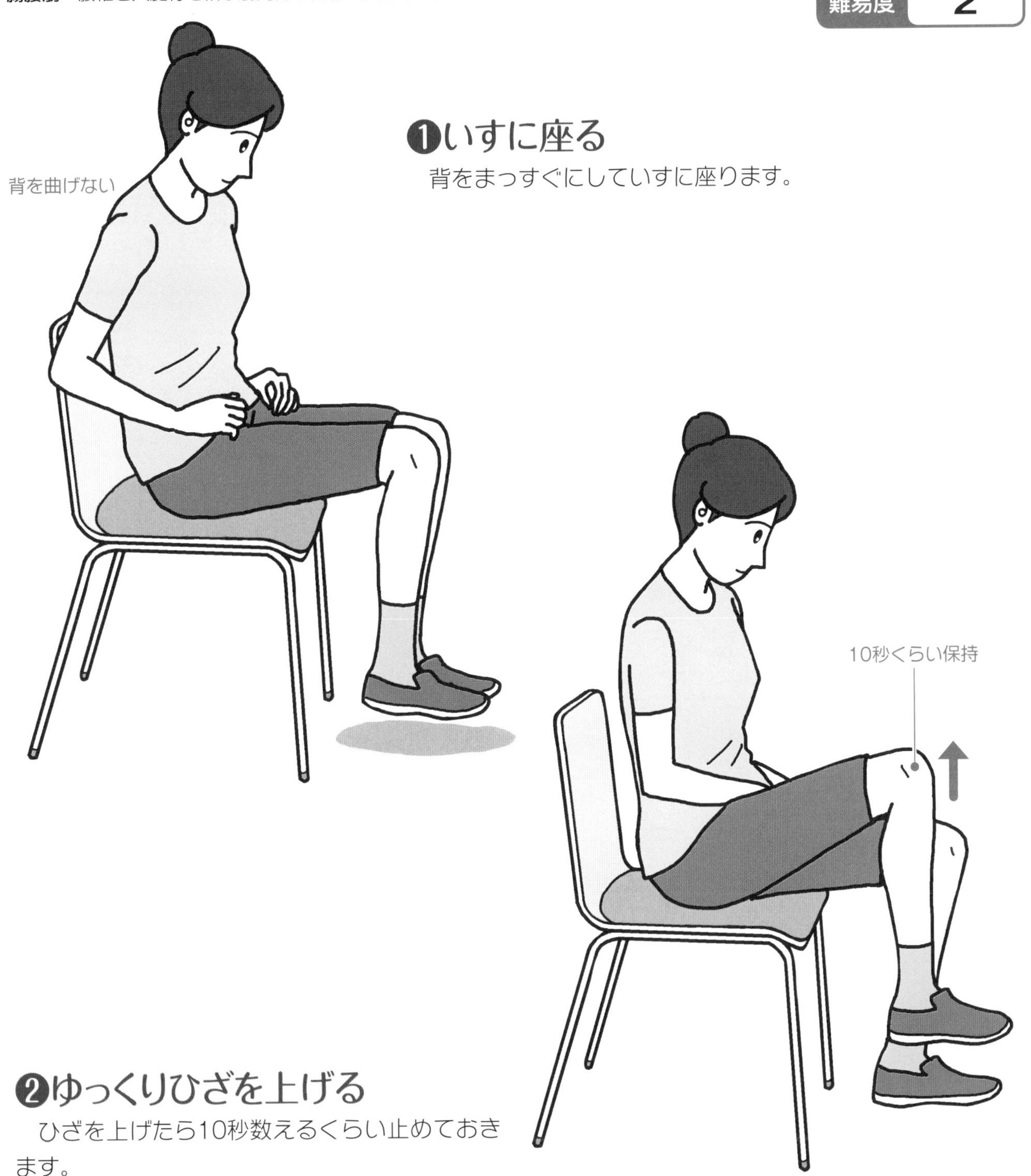

❶いすに座る

背をまっすぐにしていすに座ります。

❷ゆっくりひざを上げる

ひざを上げたら10秒数えるくらい止めておきます。

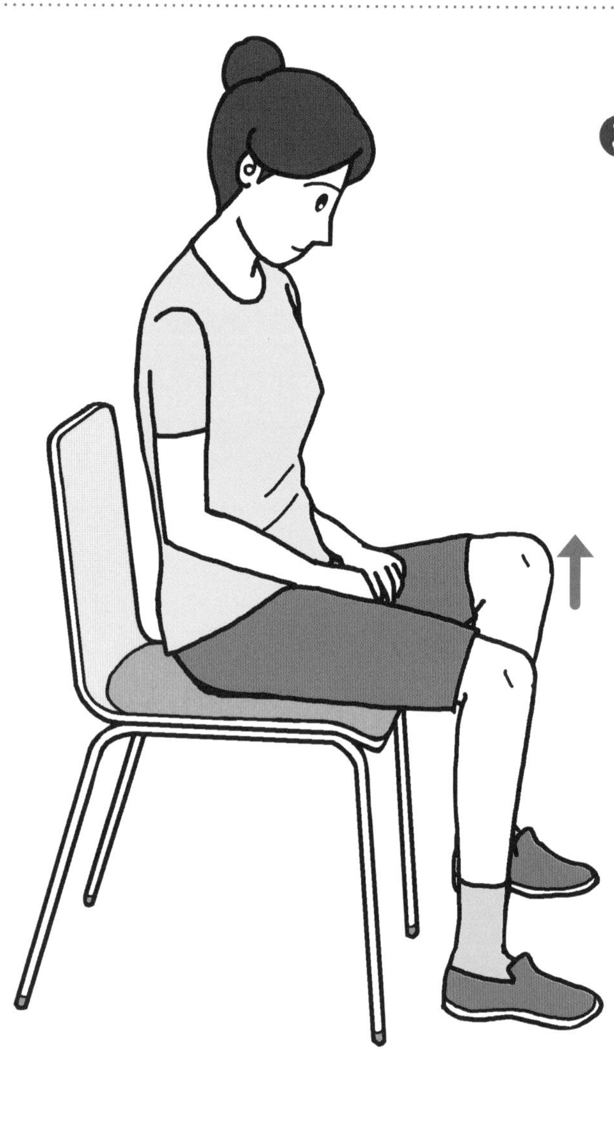

❸反対の脚を上げる

反対の脚を上げて同様に10秒数えるくらい止めます。

ポイント

筋肉を意識する

腹筋を使うので、そこを意識しながら行うとよいです。

腹筋を鍛える体操

1 座って腹筋体操

めやす 10回

座って行う簡単な腹筋体操です。両脚を上げますが、腰に痛みがある人は片脚ずつ行ってかまいません。

●対象の抗重力筋＝腹筋

難易度 3

❶いすに深く座る

腹筋を意識していすに深く腰かけます。

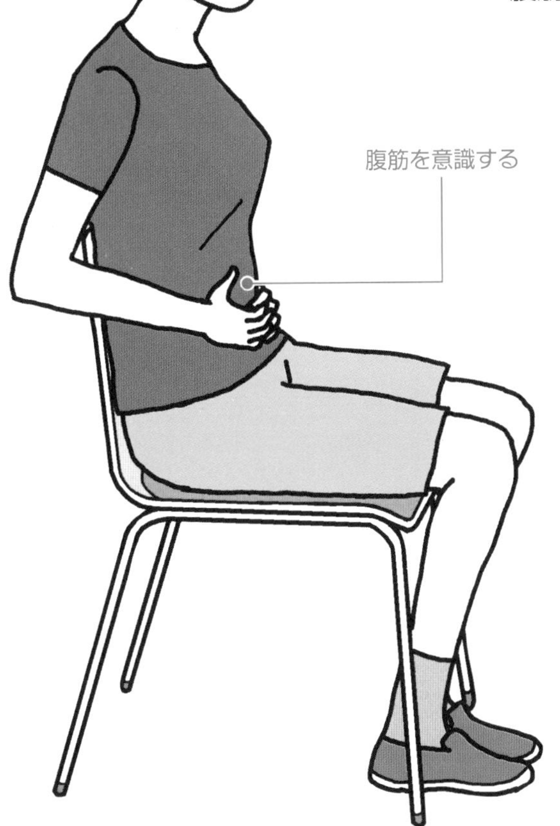

❷両脚を上げる

両脚を上げてゆっくり10秒数えます。いすの背に寄りかかってかまいません。

➡腰が痛いときは無理しないでください。

2 立って腹筋体操

めやす　10回

いすを使って立って行う簡単な腹筋体操です。常に腹筋を意識することで効果が上がります。

●対象の抗重力筋＝腹筋

難易度　3

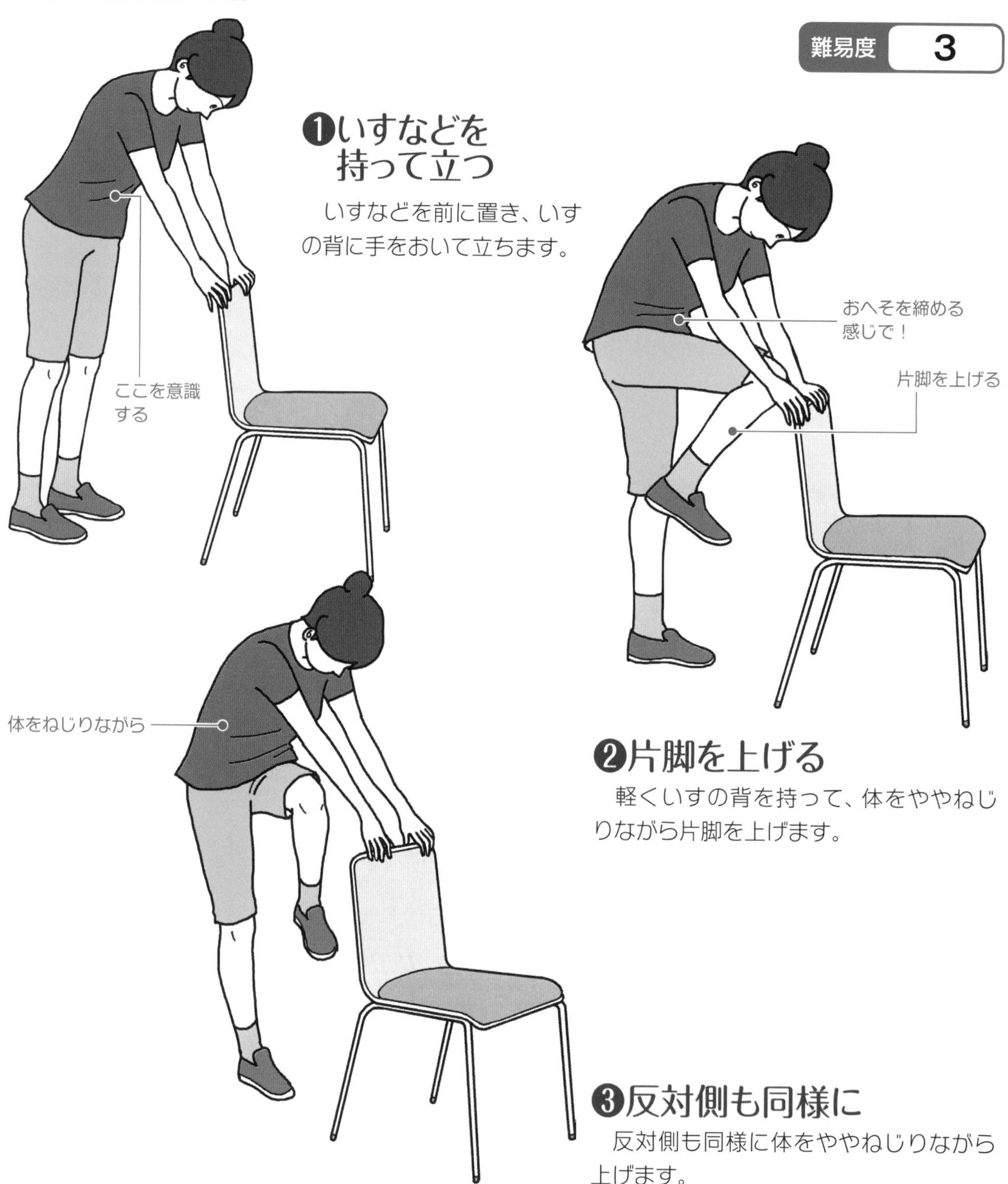

❶いすなどを持って立つ

いすなどを前に置き、いすの背に手をおいて立ちます。

❷片脚を上げる

軽くいすの背を持って、体をややねじりながら片脚を上げます。

❸反対側も同様に

反対側も同様に体をややねじりながら上げます。

背筋を鍛える体操

1 座って背筋を鍛える めやす 20回

簡単に背中の筋肉が鍛えられる体操です。体を前傾させますが、首や背が曲がらないように注意しましょう。

●対象の抗重力筋＝背筋群など

難易度 2

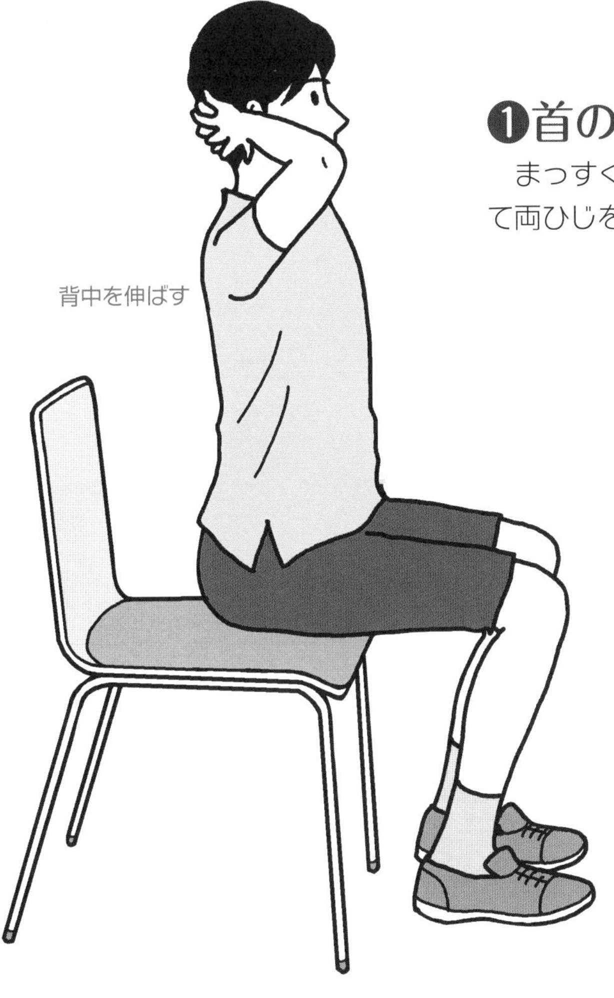

❶首の後ろに手をあてる

まっすぐに座って首の後ろに手をあてて両ひじを開きます。

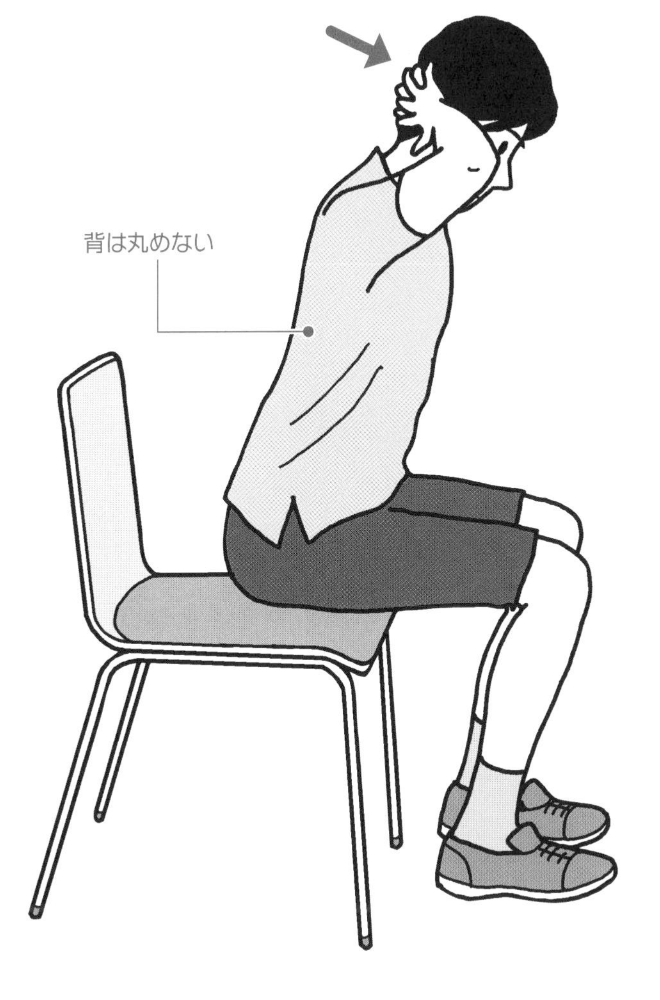

❷前傾する

そのままゆっくりと体を前に倒していきます。

➡20～30°程度で大丈夫です。腰が痛いときは少なめにしましょう。

難易度 2〜3

❸背中を曲げないように意識して

さらに体を前に傾けますが、背中を丸めないように意識しましょう。

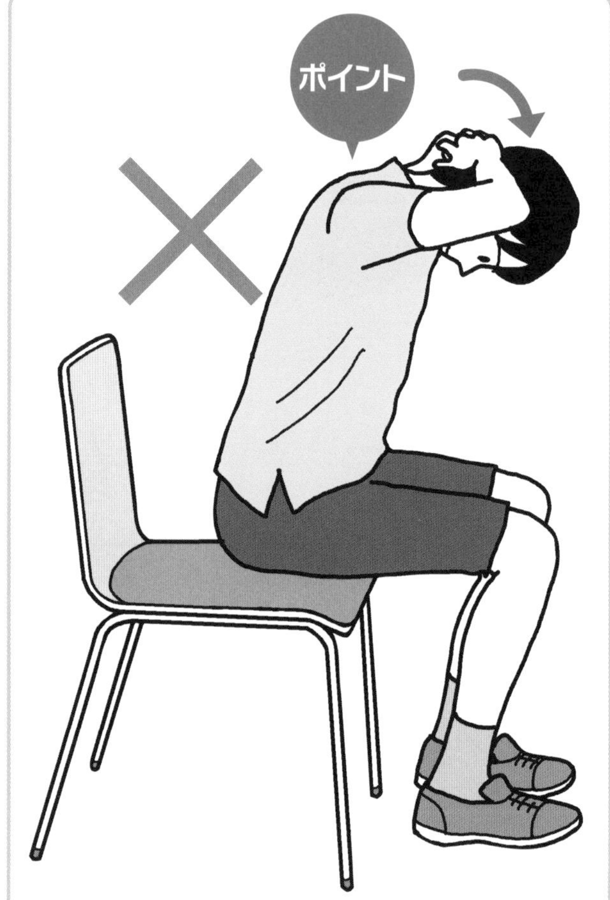

首は曲げない

首が曲がると前傾しにくいので注意しましょう。

1 太ももとふくらはぎを意識した立ち上がり

立ち上がり動作はお尻や太もも、ふくらはぎの筋肉とバランスを鍛える複合的な運動で、スクワットの要素もあります。

●対象の抗重力筋＝大殿筋、大腿四頭筋など

難易度　2

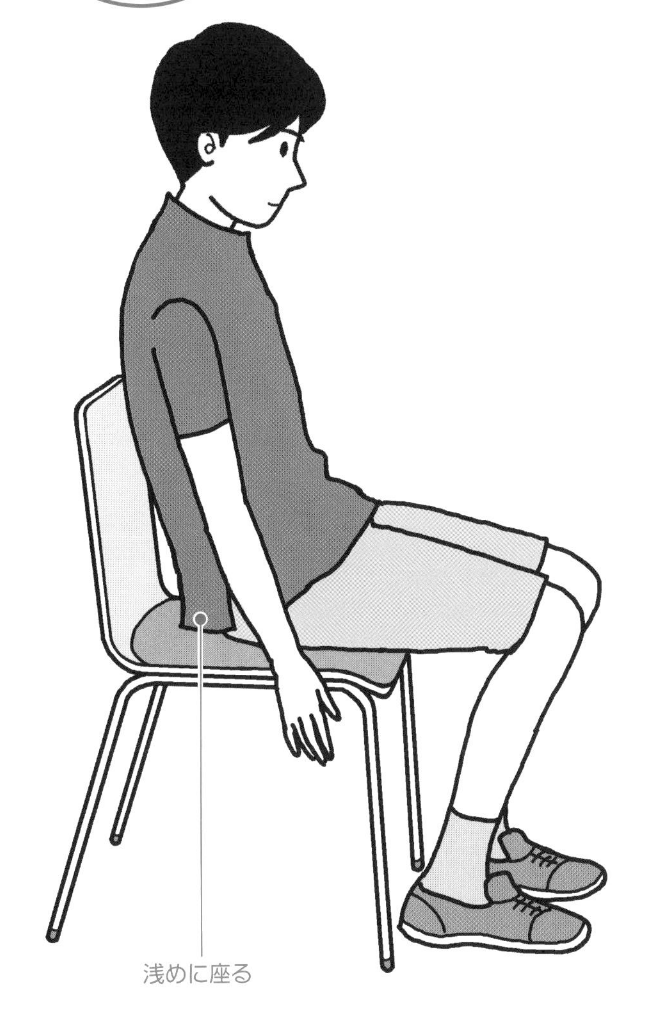

❶少し浅めに座る

いすの背にもたれかからないで浅めに座ります。

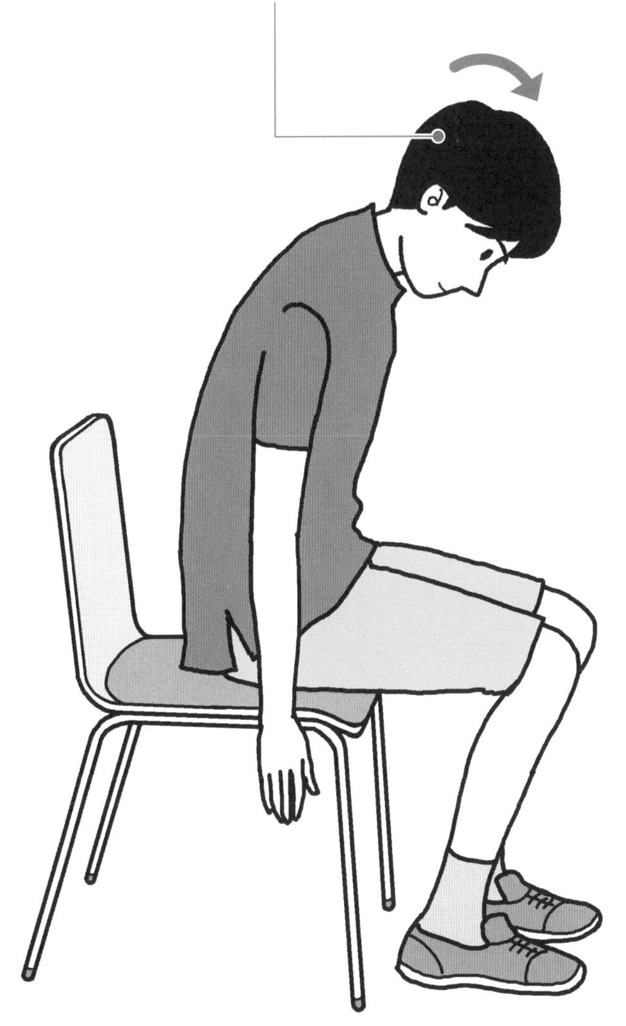

❷ゆっくりお辞儀をする

お辞儀をするように、体を前に傾けます。

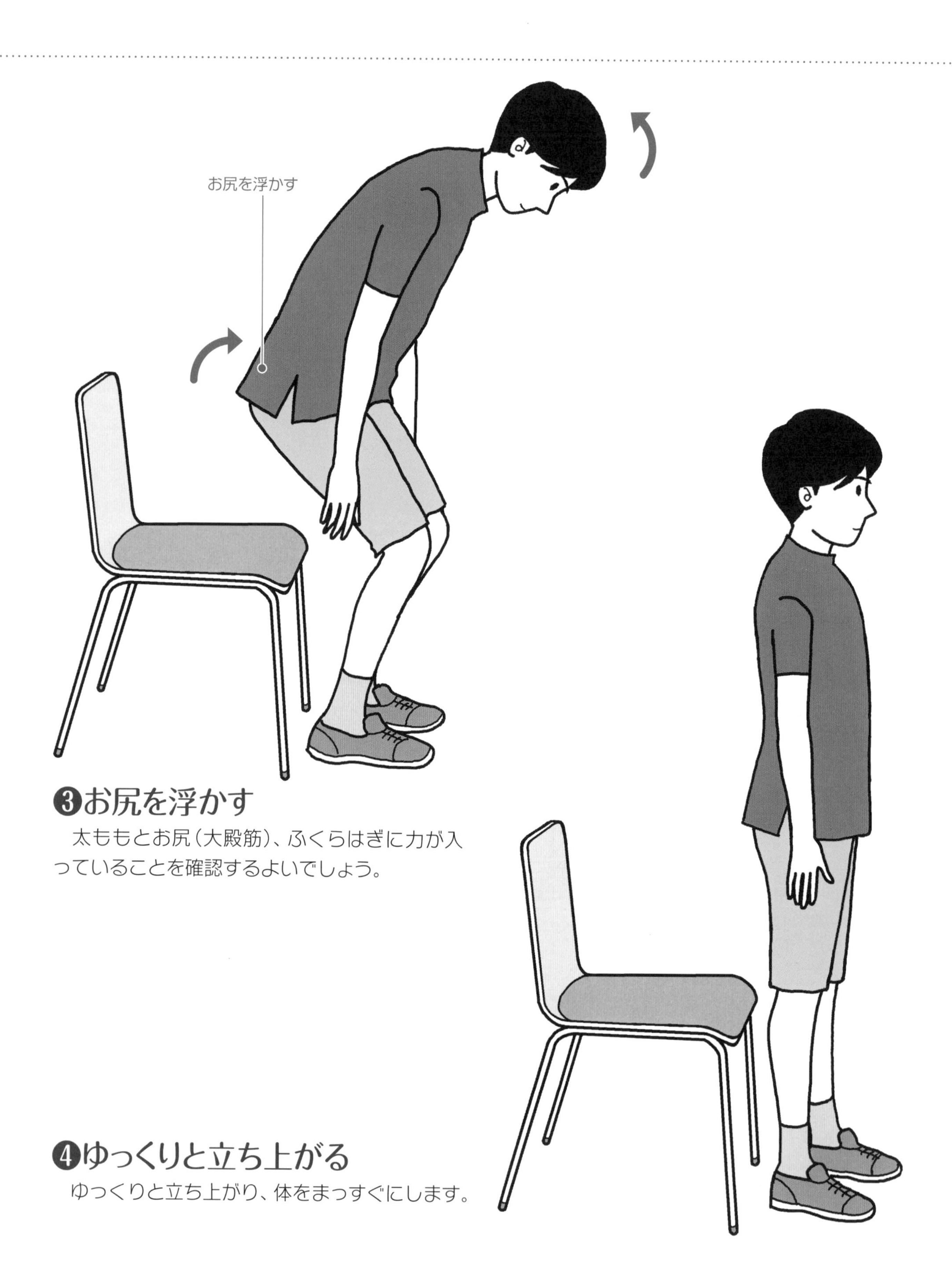

❸お尻を浮かす

太ももとお尻（大殿筋）、ふくらはぎに力が入っていることを確認するよいでしょう。

❹ゆっくりと立ち上がる

ゆっくりと立ち上がり、体をまっすぐにします。

2 あまりお辞儀をしない立ち上がり

いすを前に置いて太ももとふくらはぎを意識した立ち上がりです。慣れてきたらいすを使わずに行う方法もあります。

●対象の抗重力筋＝特に大腿四頭筋など

難易度　3

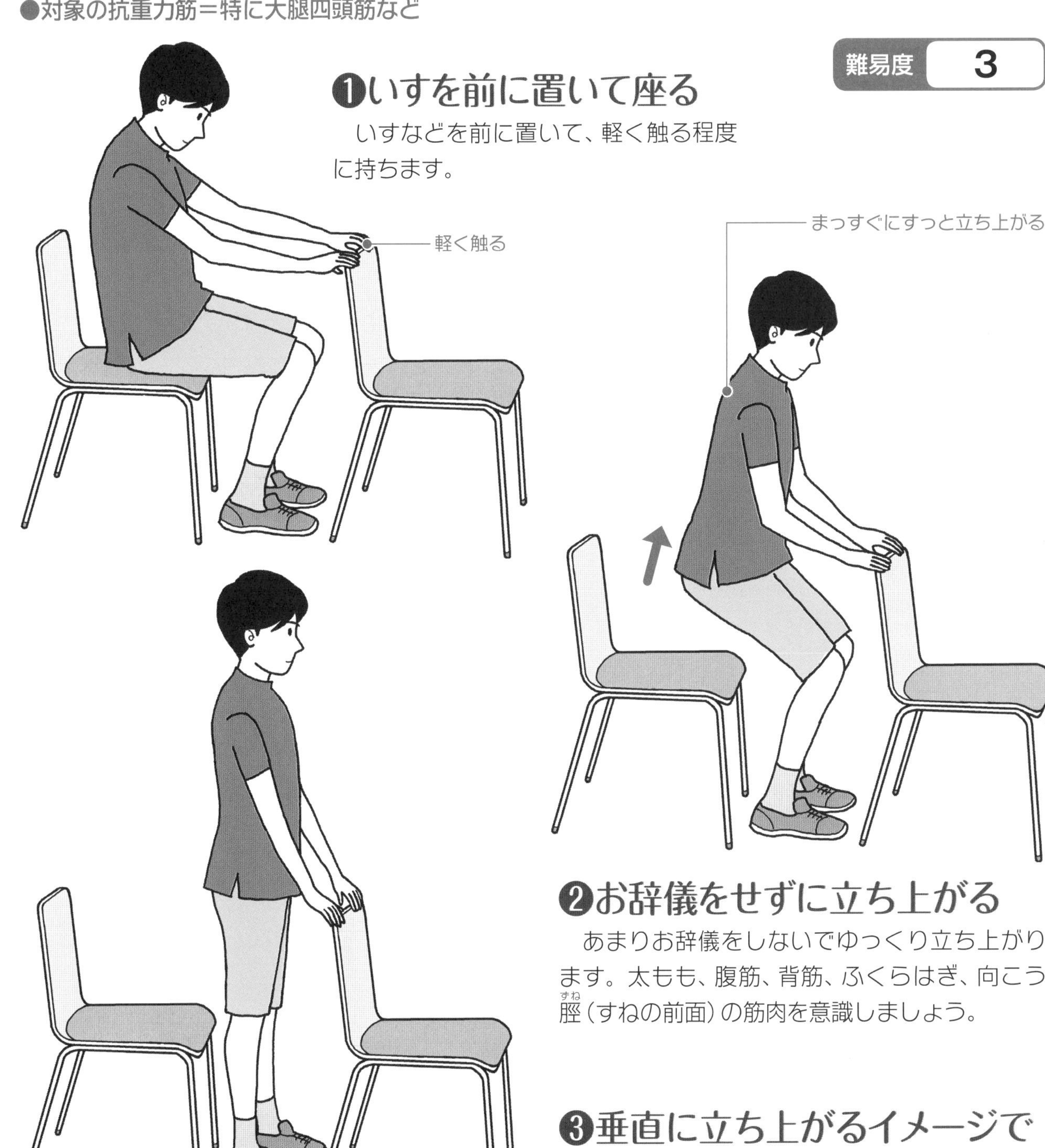

❶いすを前に置いて座る

いすなどを前に置いて、軽く触る程度に持ちます。

❷お辞儀をせずに立ち上がる

あまりお辞儀をしないでゆっくり立ち上がります。太もも、腹筋、背筋、ふくらはぎ、向こう脛（すねの前面）の筋肉を意識しましょう。

❸垂直に立ち上がるイメージで

垂直に立ち上がることで太ももやふくらはぎなどの筋肉がより強化されます。

慣れてきたら

いすを前に置いてラクに垂直に立ち上がれるようになったら、いすを前に置かずに行います。スクワット運動になります。

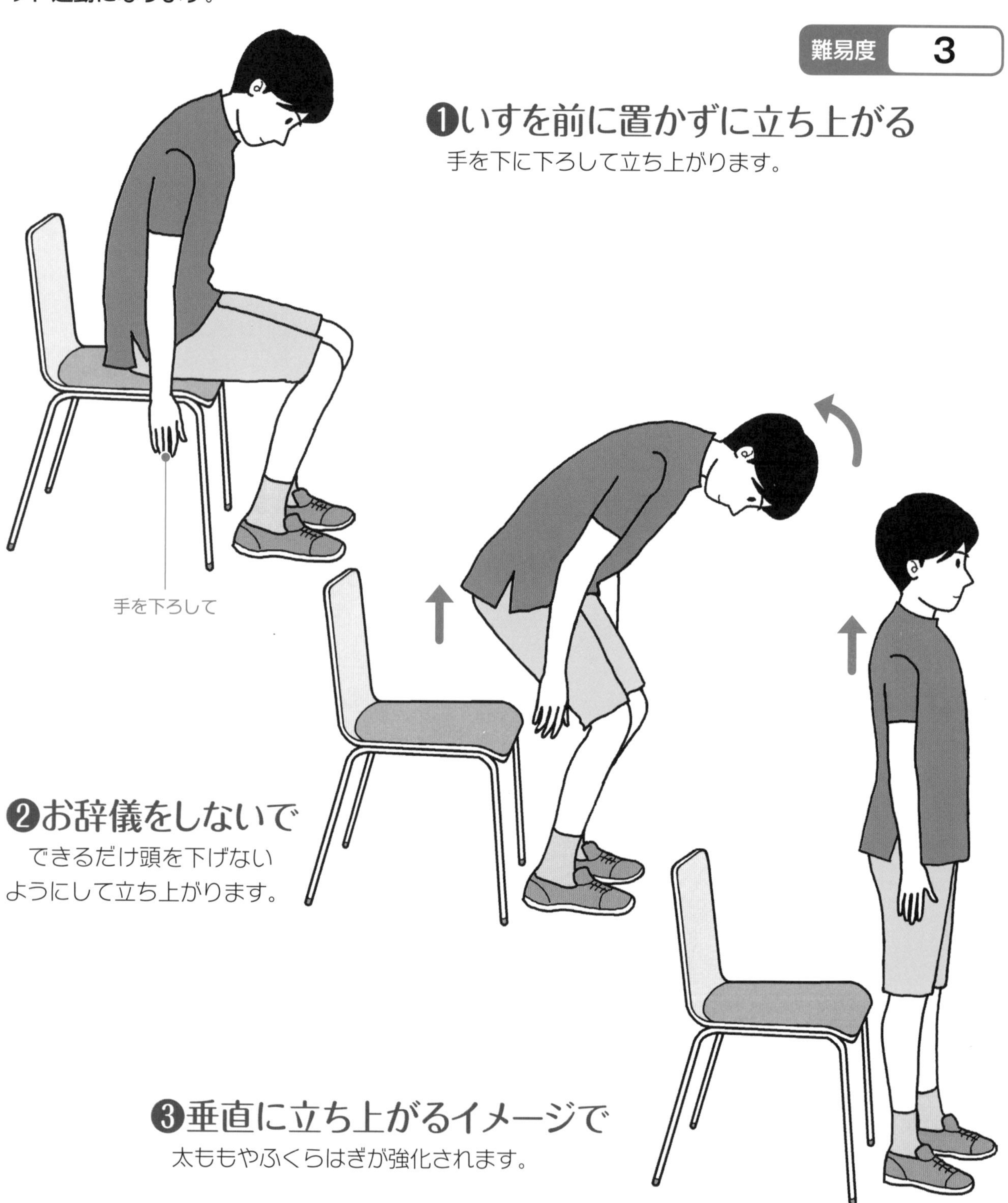

難易度 3

❶いすを前に置かずに立ち上がる

手を下に下ろして立ち上がります。

❷お辞儀をしないで

できるだけ頭を下げないようにして立ち上がります。

❸垂直に立ち上がるイメージで

太ももやふくらはぎが強化されます。

3 両手をひざにあてた立ち上がり

立ち上がり動作時に、太ももなどの筋力を腕の力で補助できるので、少し力が弱い場合に有効です。

難易度 2

❶両手をひざにあてて座る

背中を伸ばすことを意識して、両手をひざにあてて座ります。

❷そのままお辞儀をする

頭を下げることで腰が上がりやすくなります。

❸ゆっくり立ち上がる

両手をひざにあてたまま、ゆっくりと立ち上がります。

ストレッチ

高齢になると筋肉やじん帯などが固くなり、小さな転倒などによって骨折などの大きな損傷を負うことが少なくありません。筋力向上トレーニングとともに、日ごろから筋肉やじん帯・腱などを柔軟にするストレッチ体操を習慣化させましょう。

ふくらはぎのストレッチ

1 いすを使ったストレッチ めやす 20回

いすを使ったふくらはぎのストレッチです。空いた時間に日常的に行いたい運動で、アキレス腱を伸ばします。

●対象の抗重力筋＝腓腹筋、ヒラメ筋　など

難易度 2

➡アキレス腱は腓腹筋、ヒラメ筋とかかとをつなぐ腱です。

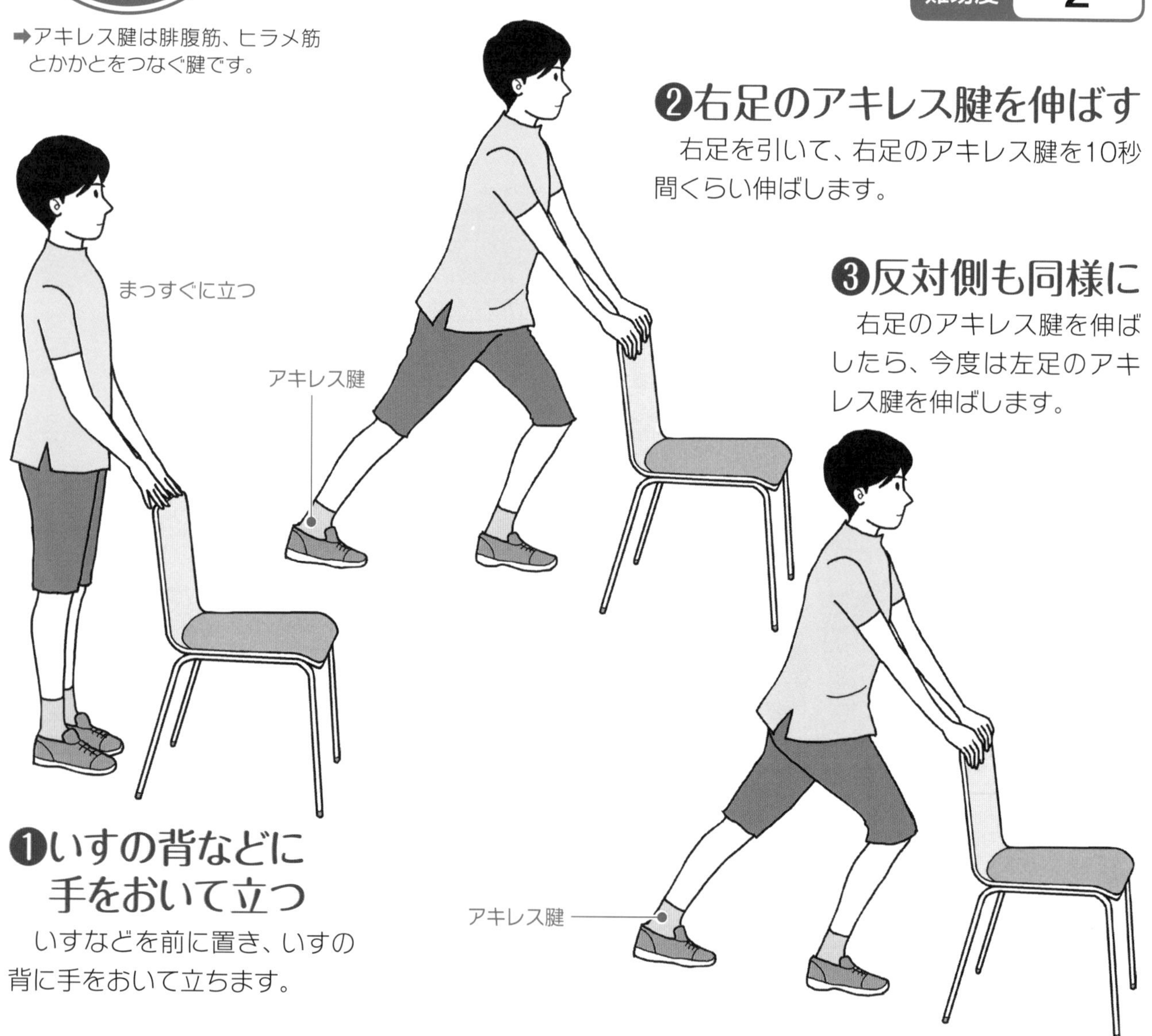

❷右足のアキレス腱を伸ばす

右足を引いて、右足のアキレス腱を10秒間くらい伸ばします。

❸反対側も同様に

右足のアキレス腱を伸ばしたら、今度は左足のアキレス腱を伸ばします。

❶いすの背などに手をおいて立つ

いすなどを前に置き、いすの背に手をおいて立ちます。

2 いすと本を使ったストレッチ　めやす 20回

いすと本などを使ったふくらはぎのストレッチです。ひざを曲げて行うと、ふくらはぎの奥側のヒラメ筋を伸ばせます。

難易度 2〜3

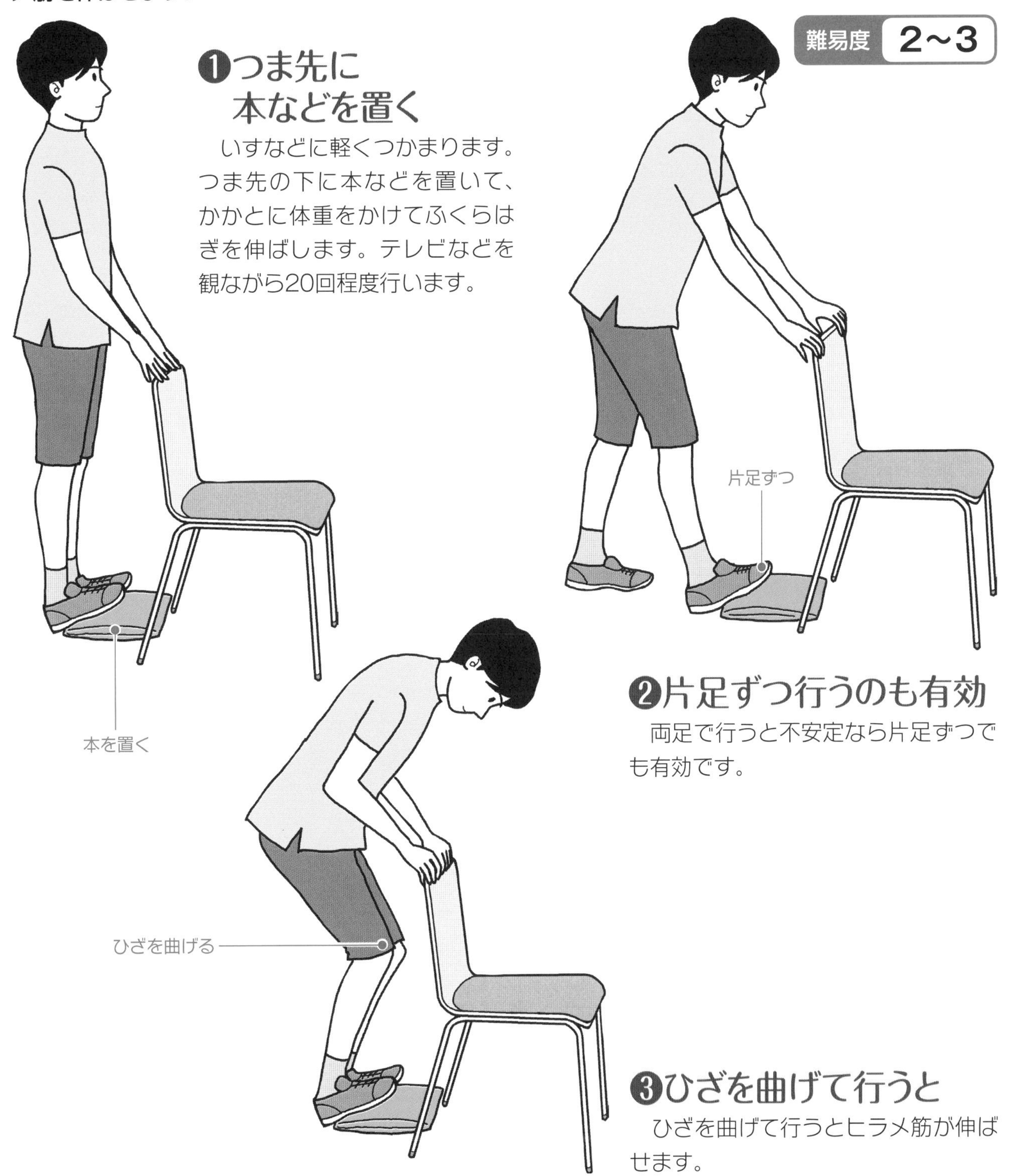

❶つま先に本などを置く

いすなどに軽くつかまります。つま先の下に本などを置いて、かかとに体重をかけてふくらはぎを伸ばします。テレビなどを観ながら20回程度行います。

❷片足ずつ行うのも有効

両足で行うと不安定なら片足ずつでも有効です。

❸ひざを曲げて行うと

ひざを曲げて行うとヒラメ筋が伸ばせます。

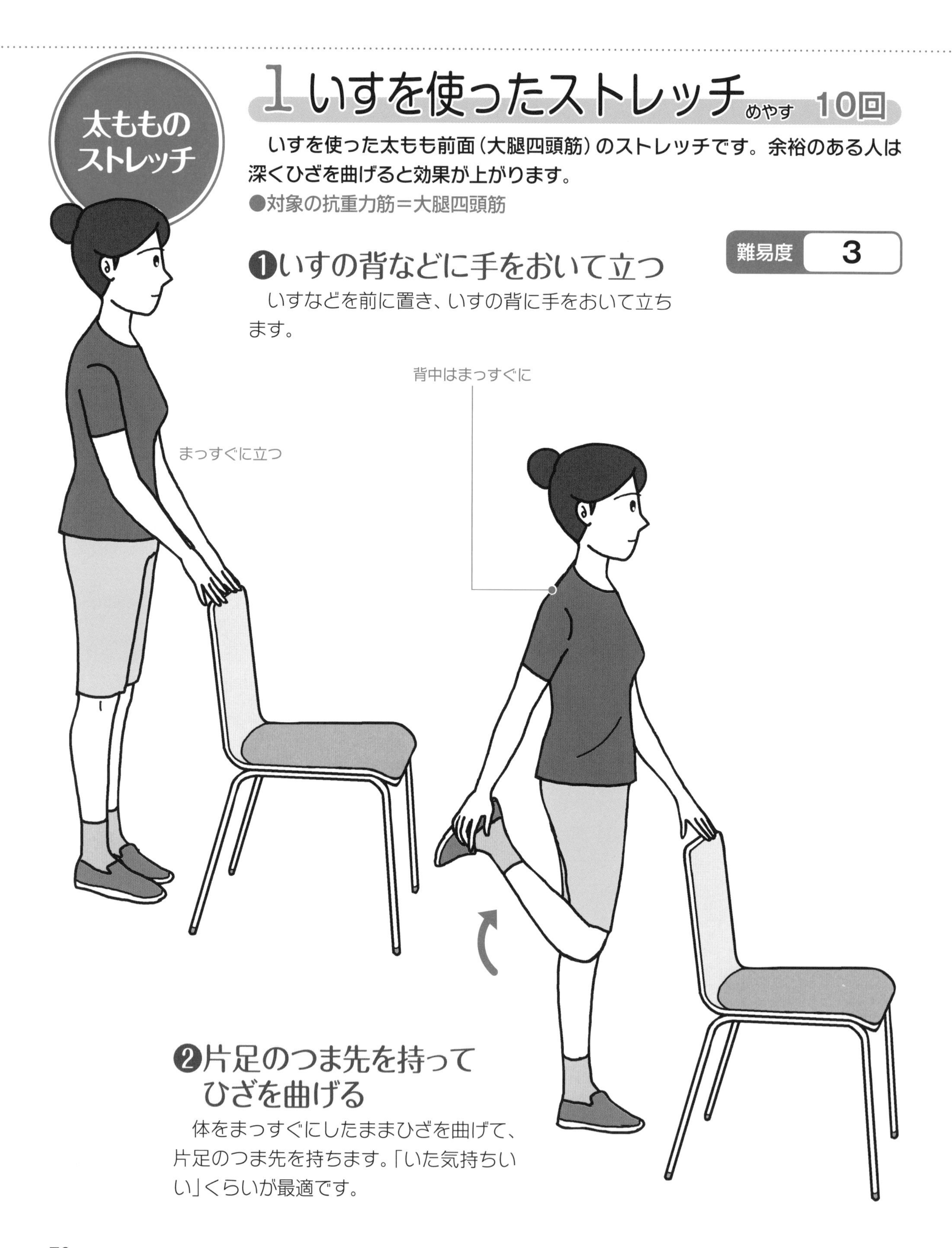

太もものストレッチ

1 いすを使ったストレッチ めやす 10回

いすを使った太もも前面（大腿四頭筋）のストレッチです。余裕のある人は深くひざを曲げると効果が上がります。

●対象の抗重力筋＝大腿四頭筋

難易度 3

❶いすの背などに手をおいて立つ

いすなどを前に置き、いすの背に手をおいて立ちます。

❷片足のつま先を持って ひざを曲げる

体をまっすぐにしたままひざを曲げて、片足のつま先を持ちます。「いた気持ちいい」くらいが最適です。

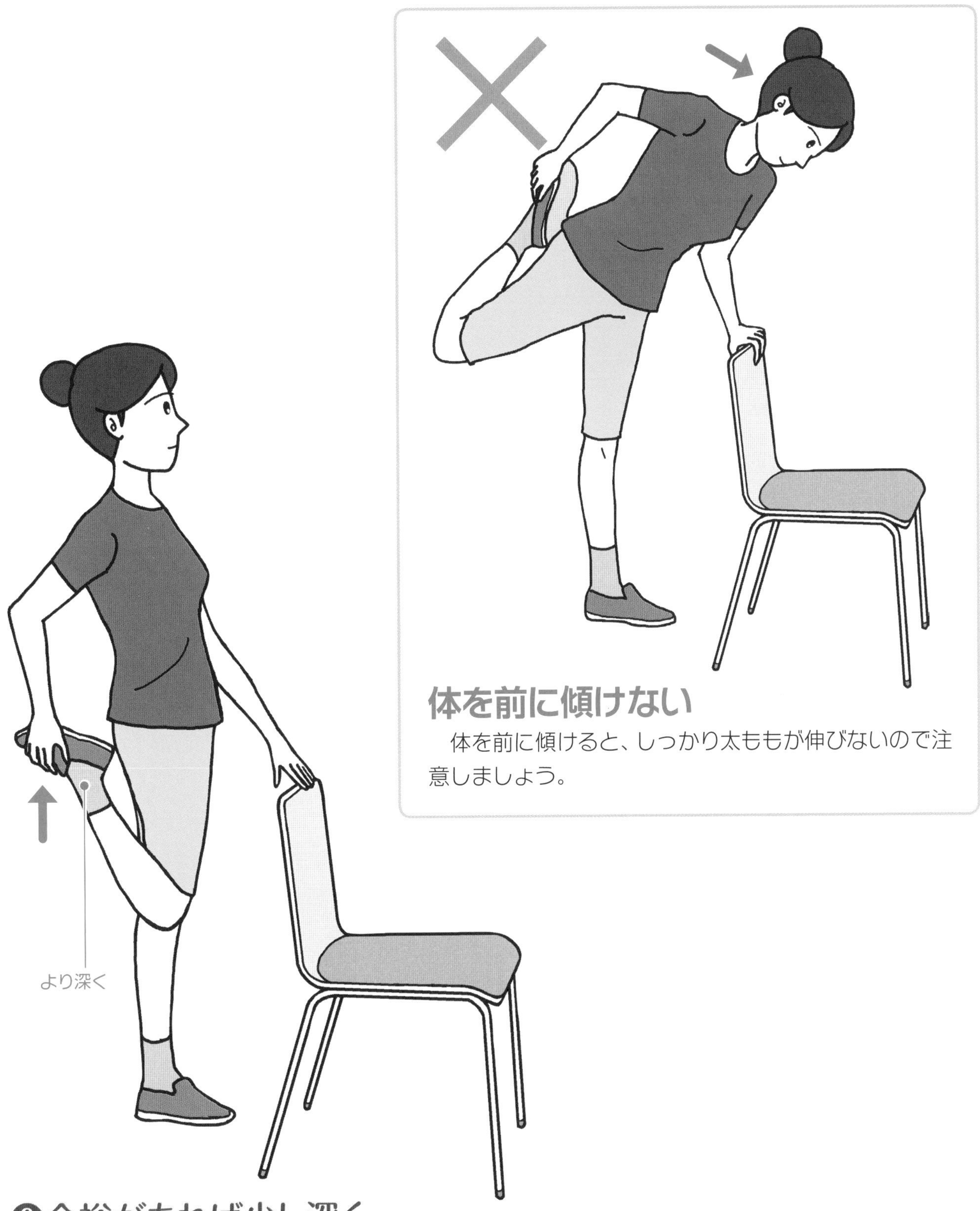

体を前に傾けない

体を前に傾けると、しっかり太ももが伸びないので注意しましょう。

❸余裕があれば少し深く

痛みもなく、もう少し曲がるようなら深く曲げます。「いた気持ちいい」くらいが最適です。

2 仰向けで行うストレッチ　めやす 10回

仰向けで行う大腿四頭筋のストレッチです。少し強い運動になるので、痛みを感じない余裕のある人が行ってください。

●対象の抗重力筋＝大腿四頭筋など

難易度 5

❶脚を伸ばして座る

両脚をまっすぐに伸ばします。

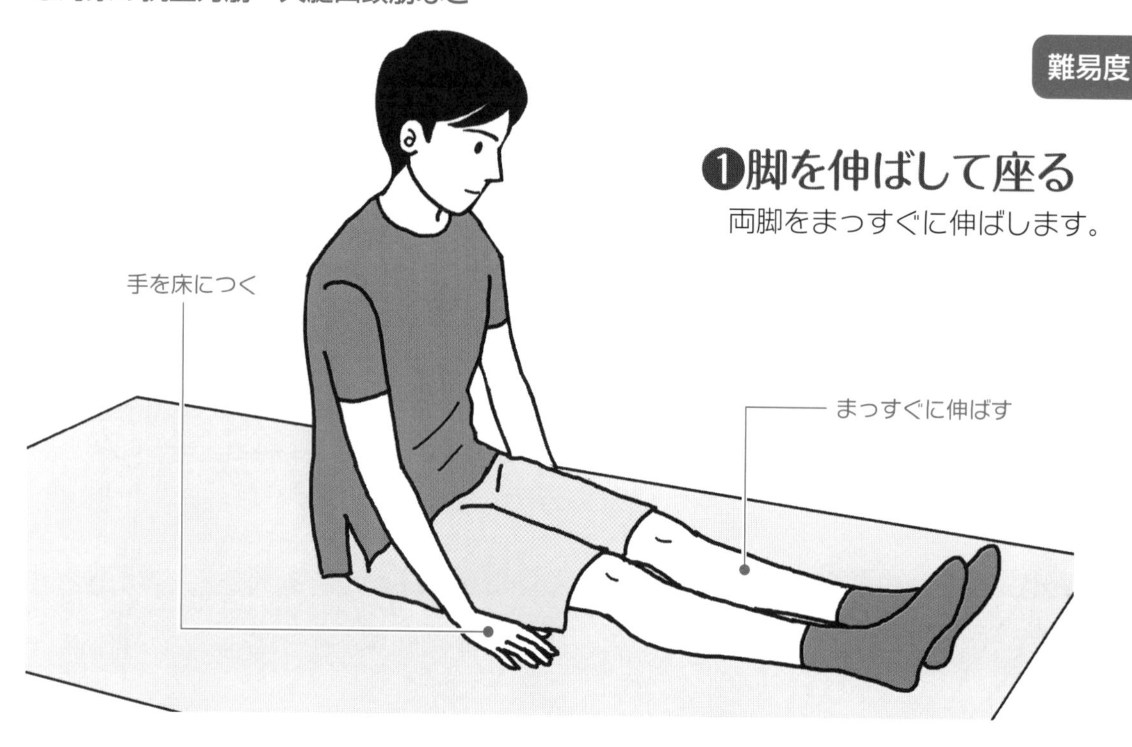

❷片方のひざを曲げる

片方のひざを曲げますが、痛みを感じたらそれ以上曲げないように注意します。

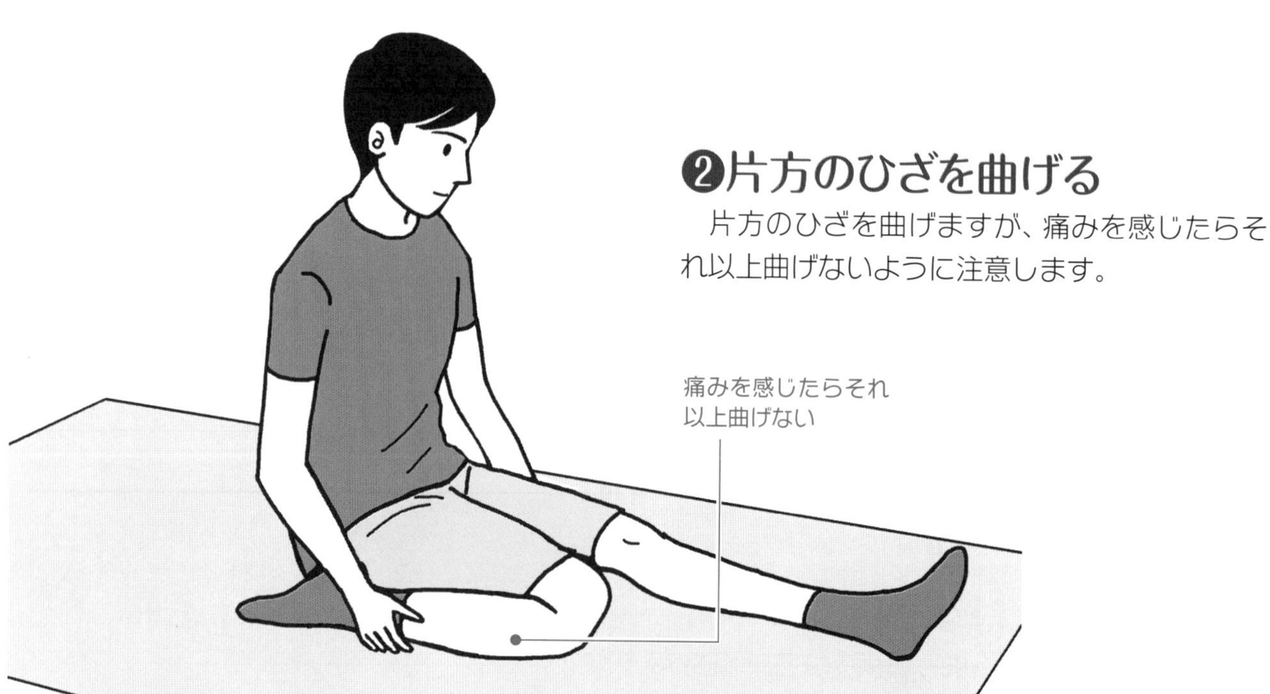

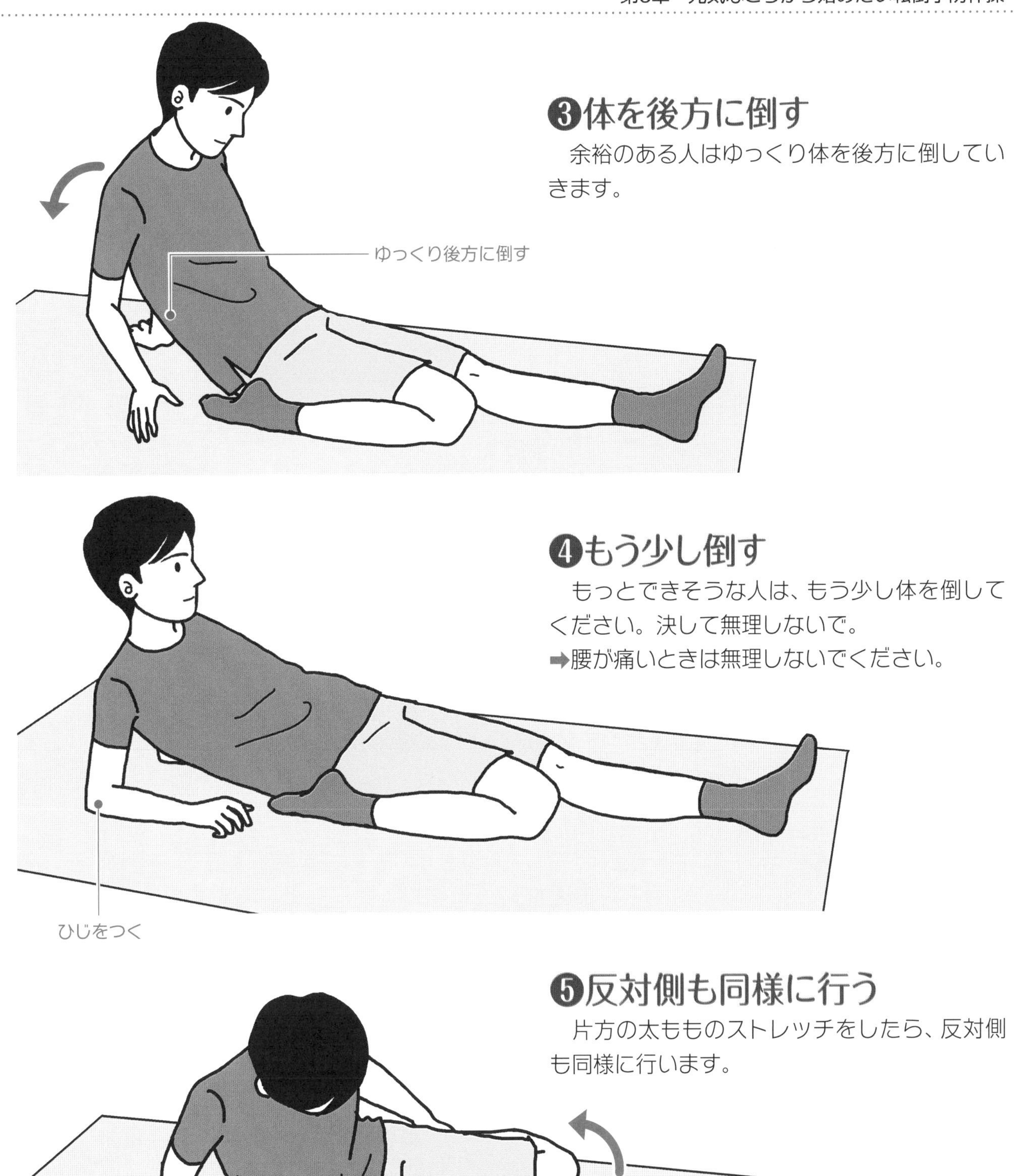

❸体を後方に倒す

　余裕のある人はゆっくり体を後方に倒していきます。

❹もう少し倒す

　もっとできそうな人は、もう少し体を倒してください。決して無理しないで。
➡腰が痛いときは無理しないでください。

❺反対側も同様に行う

　片方の太もものストレッチをしたら、反対側も同様に行います。

3 うつ伏せで行うストレッチ　めやす　10回

今度はうつ伏せの状態で大腿四頭筋のストレッチを行います。こちらも強めの運動なので余裕のある人が行ってください。

●対象の抗重力筋＝大腿四頭筋など

難易度　4

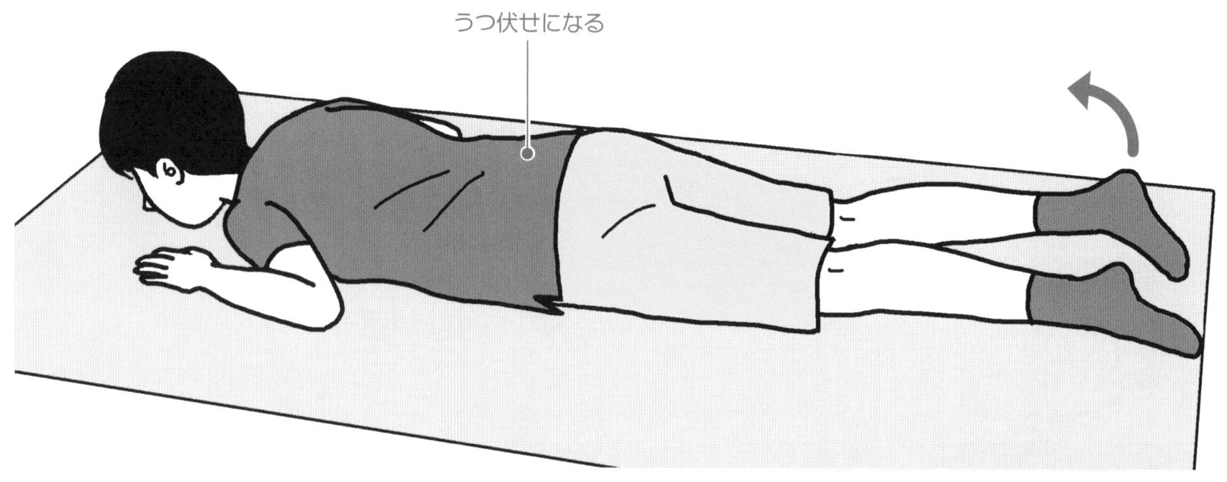

❶うつ伏せになり体を伸ばす

スタートはこのポジション。片脚をゆっくり上げていきます。

❷つま先を持ってひざを曲げる

片方のひざを曲げてつま先を持ちます。ゆっくり曲げていきますが、「いた気持ちいい」くらいがよいので、痛みを感じたらそれ以上は曲げないようにします。

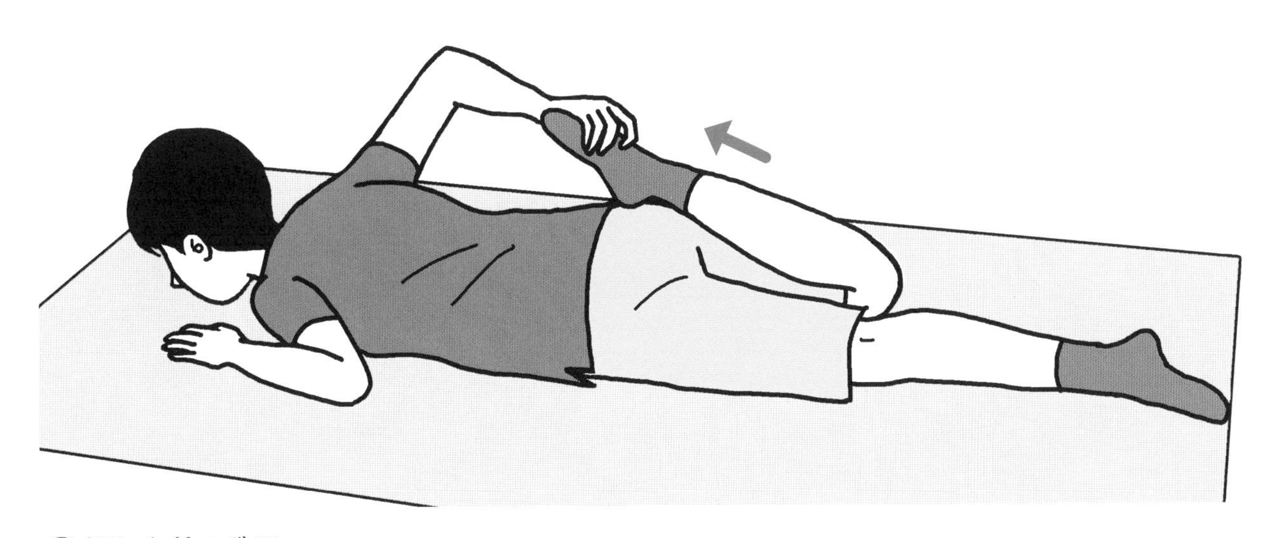

❸深く曲げる

余裕のある人はもう少し深く曲げましょう。「いた気持ちいい」くらいがよいので、痛みを感じたらそれ以上は曲げないようにします。

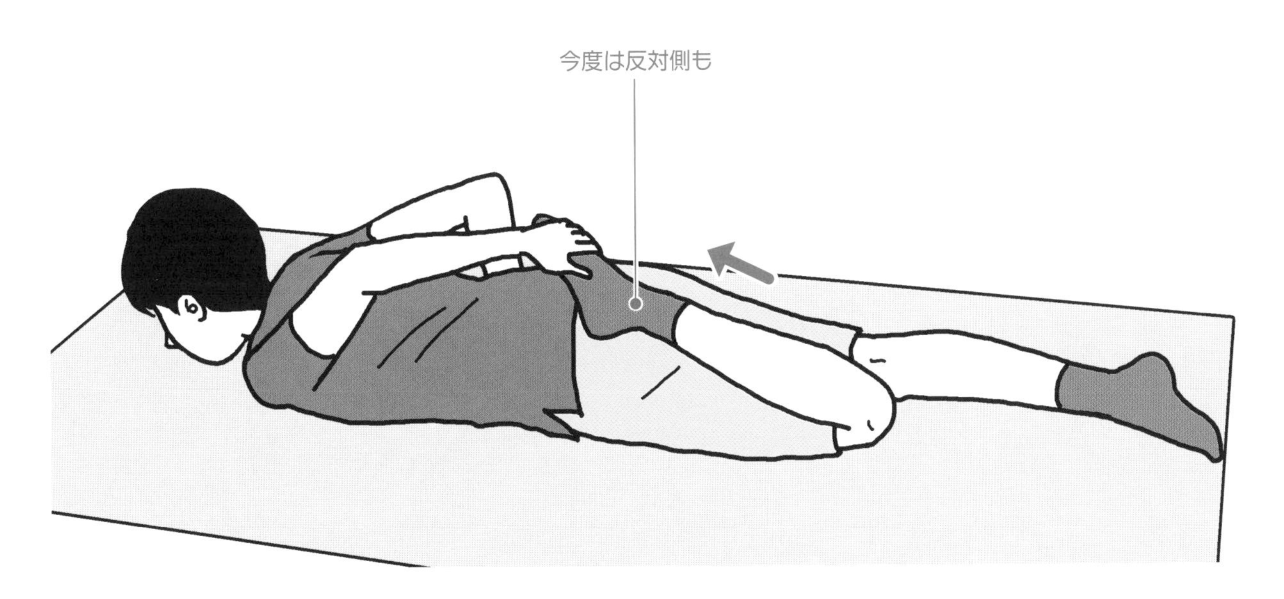

❹反対側も同様に行う

片方の太もものストレッチをしたら、反対側も同様に行います。

太ももの裏のストレッチ

1 ハムストリングスのストレッチ めやす 20回

太ももの裏の筋肉であるハムストリングスのストレッチです。体が硬い人や高齢者はひざまで届けば十分です。

●対象の抗重力筋＝ハムストリングスなど

難易度 2

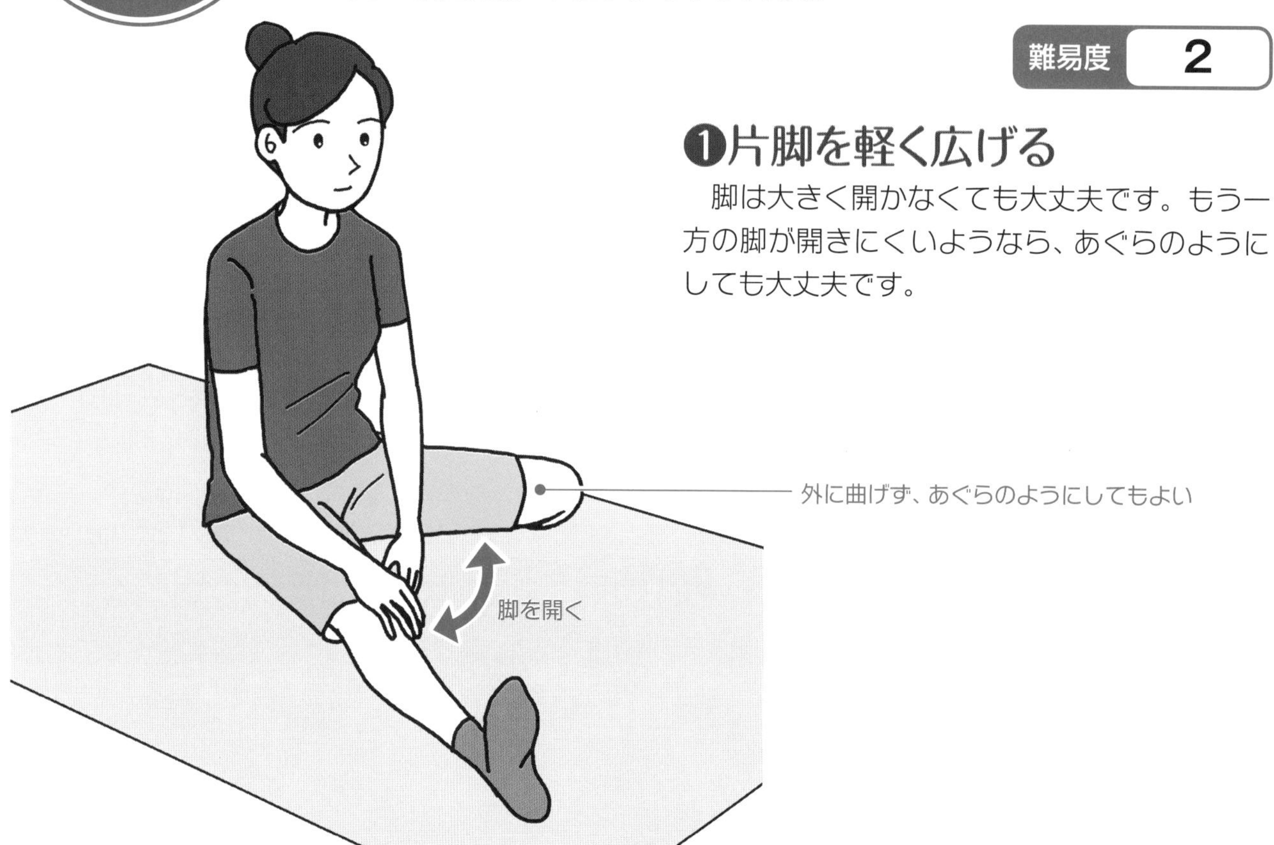

❶片脚を軽く広げる

脚は大きく開かなくても大丈夫です。もう一方の脚が開きにくいようなら、あぐらのようにしても大丈夫です。

ひざは若干曲げても大丈夫

❷ゆっくり体を曲げる

外に開いた脚のつま先に向かって両手を伸ばし、ひざから少しずつ遠くを持つようにして、可能であれば足首まで。

❸反対の脚も同様に

反対側も同様にひざから少しずつ伸ばして、可能なら足首まで手が届くように。

❹硬い人や高齢者はひざまででOK

体が硬い人や高齢者はひざまで届けば十分なので、無理しないようにします。

背中と股関節のストレッチ

難易度　2

1 あぐらスタイルのストレッチ　めやす　20回

足の裏を合わせるようにして、ひざを広げると股関節の柔軟体操になります。このままお辞儀をすると背中の筋肉のストレッチになります。

●対象の抗重力筋＝背筋群、内転筋（太ももの内側）群など

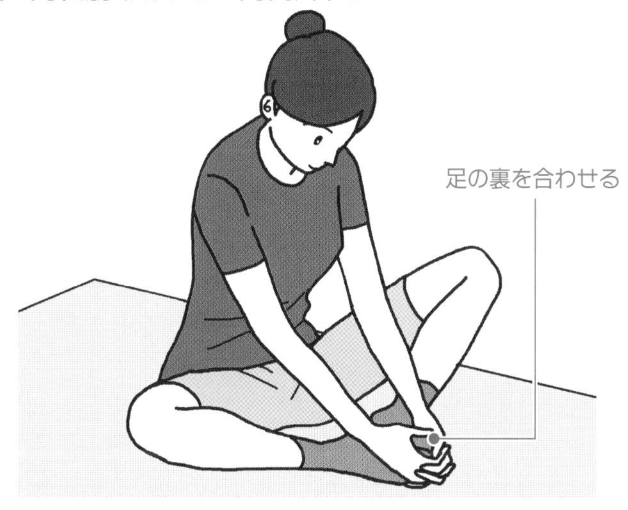

❶あぐらのように座る

あぐらをかくように脚を広げて床に座り、足の裏を合わせます。そのままゆっくりお辞儀をします。

お尻の筋肉のストレッチ

1 大殿筋のストレッチ めやす 20回

お尻の筋肉である大殿筋をやわらかくするストレッチです。転倒予防に有効であるだけでなく腰痛の予防・改善に役立ちます。

●対象の抗重力筋＝大殿筋など

難易度 2

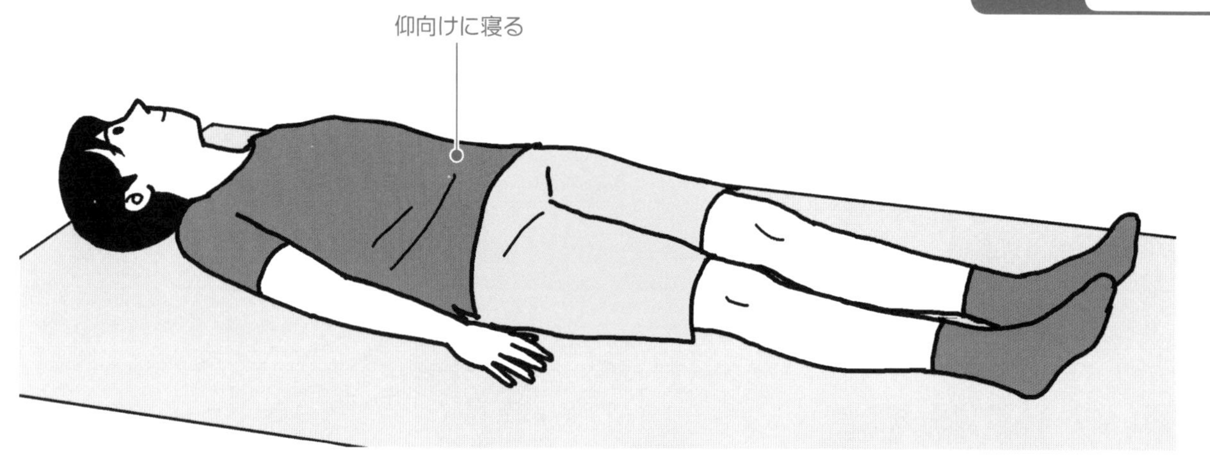

❶仰向けに寝る

体をまっすぐに伸ばして仰向けに寝ます。

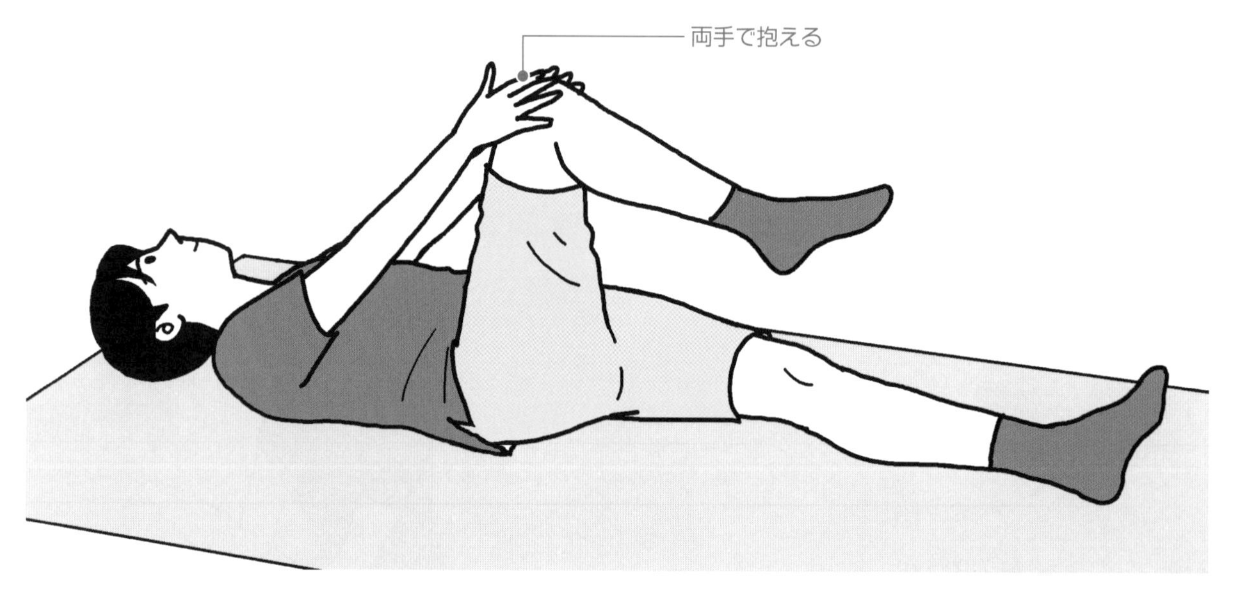

❷ひざを抱えるようにする

右脚を曲げて、両手で抱えるようにします。

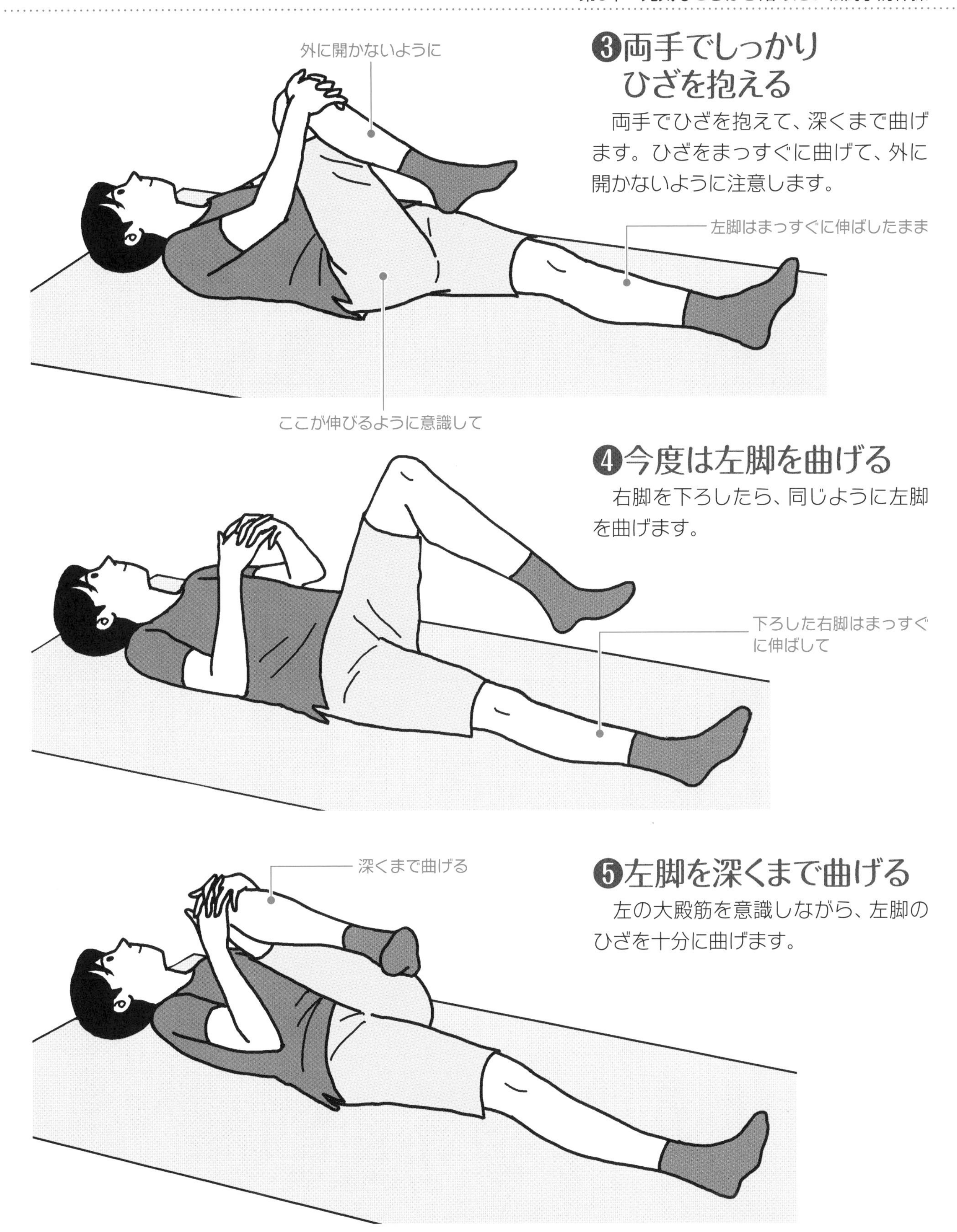

❸両手でしっかり ひざを抱える

両手でひざを抱えて、深くまで曲げます。ひざをまっすぐに曲げて、外に開かないように注意します。

❹今度は左脚を曲げる

右脚を下ろしたら、同じように左脚を曲げます。

❺左脚を深くまで曲げる

左の大殿筋を意識しながら、左脚のひざを十分に曲げます。

1 座って行うストレッチ めやす 10回

股関節を回す回旋筋群をやわらかくするストレッチです。痛みがある場合は無理しないでできる範囲で行います。

●対象の抗重力筋＝股関節周辺の回旋筋群など

難易度 4～5

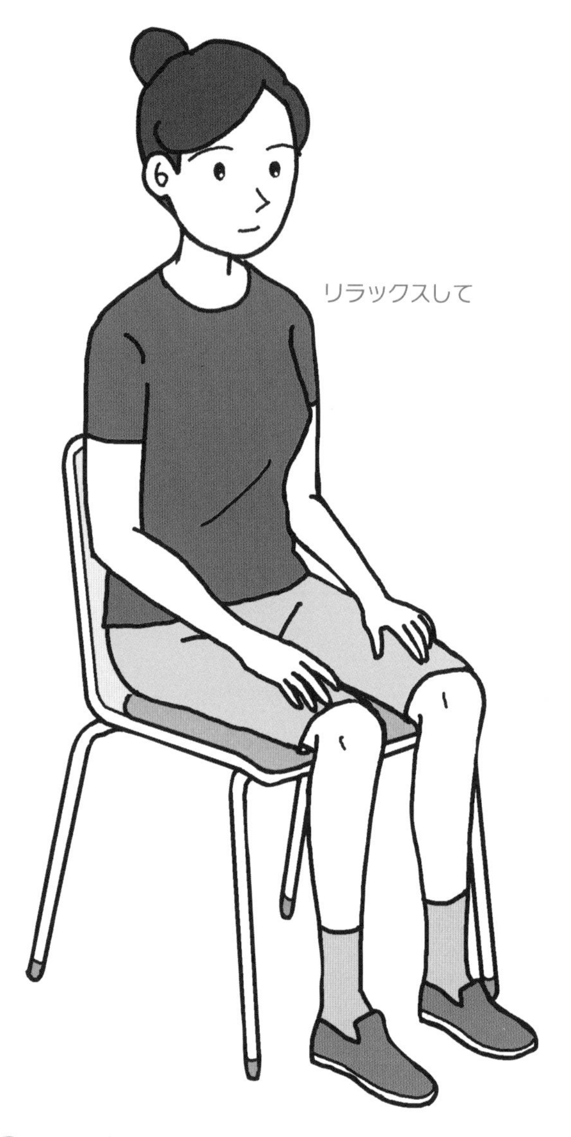

❶両手を太ももにおいて座る

背を伸ばしてゆったりと腰掛けます。

❷片方の足を反対側のひざの上にのせる

片方の足首を持って反対側のひざの上にのせます。

❸ひざを外側に押し広げる

　ひざを外側に、痛みを感じない程度にゆっくり押し広げるようにします。

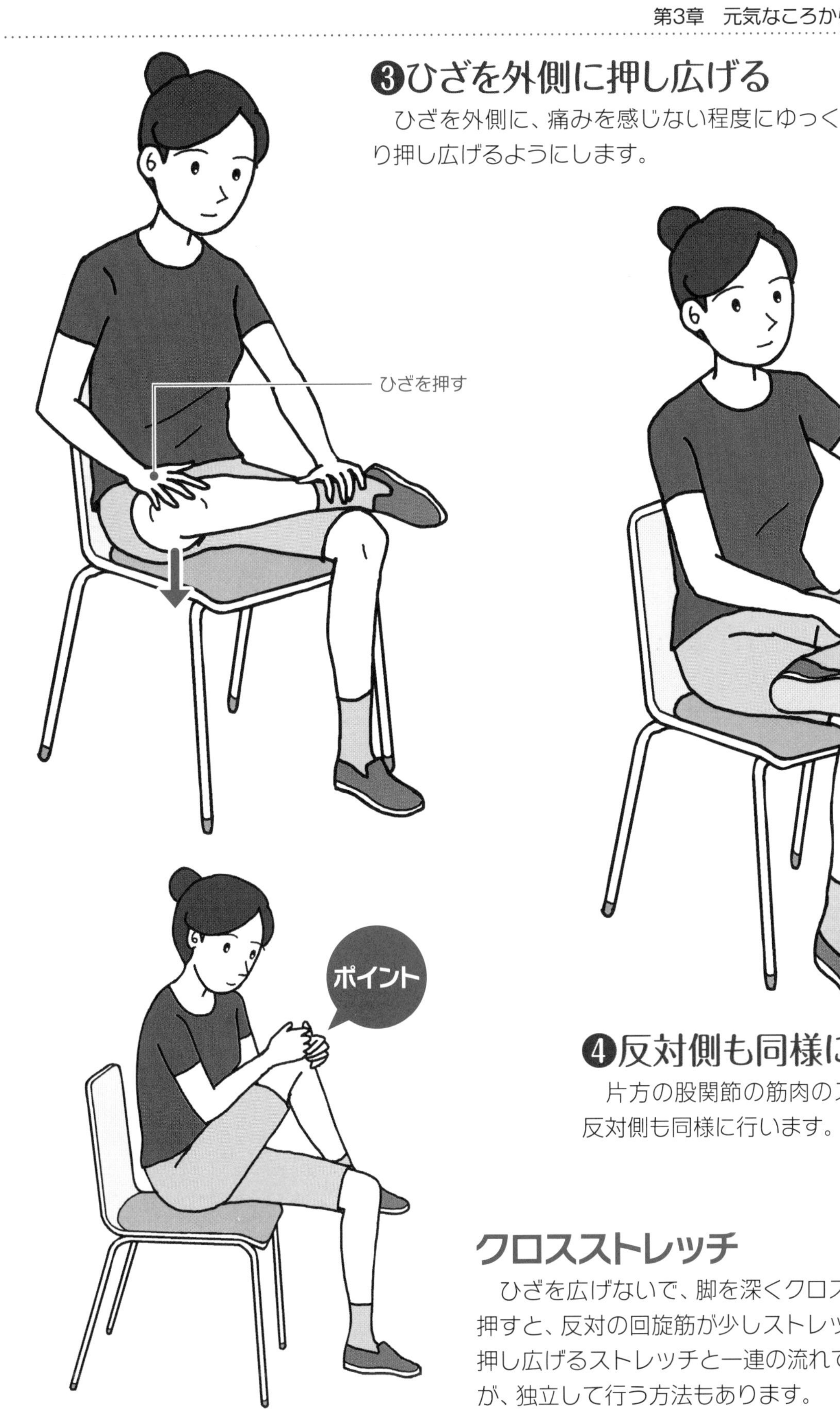

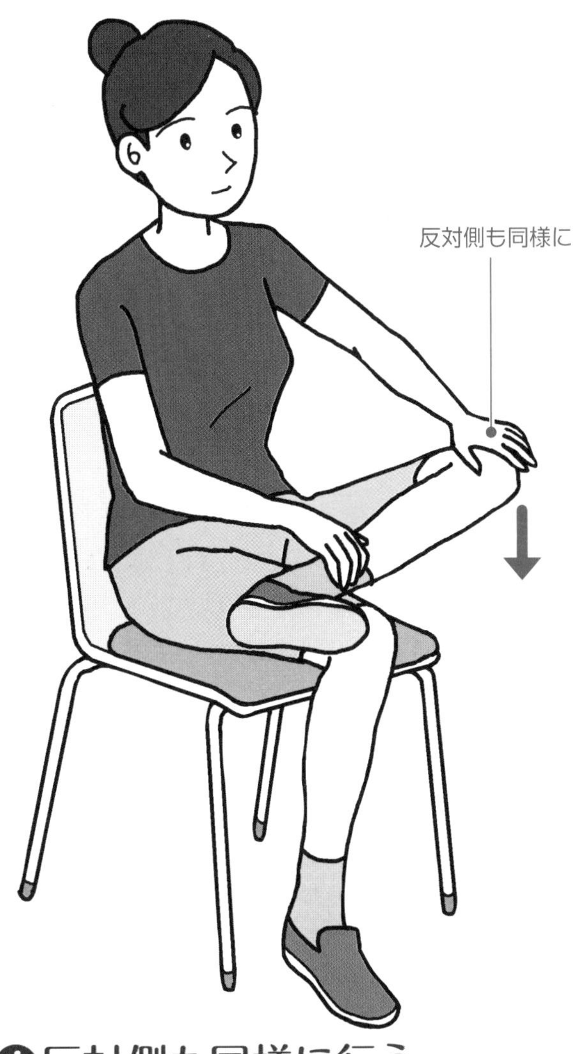

❹反対側も同様に行う

　片方の股関節の筋肉のストレッチをしたら、反対側も同様に行います。

クロスストレッチ

　ひざを広げないで、脚を深くクロスさせてひざを内側に押すと、反対の回旋筋が少しストレッチされます。外側に押し広げるストレッチと一連の流れで行う方法もありますが、独立して行う方法もあります。

バランス向上トレーニング

高齢者は小さなつまずきでも転倒しやすい。ふらついて転倒しそうになったとき、瞬間的に姿勢を安定させる能力も低下しています。小さなつまずきで転倒せず、安定した姿勢を保つためには、体全体のバランスを維持する能力を向上させるトレーニングが重要です。

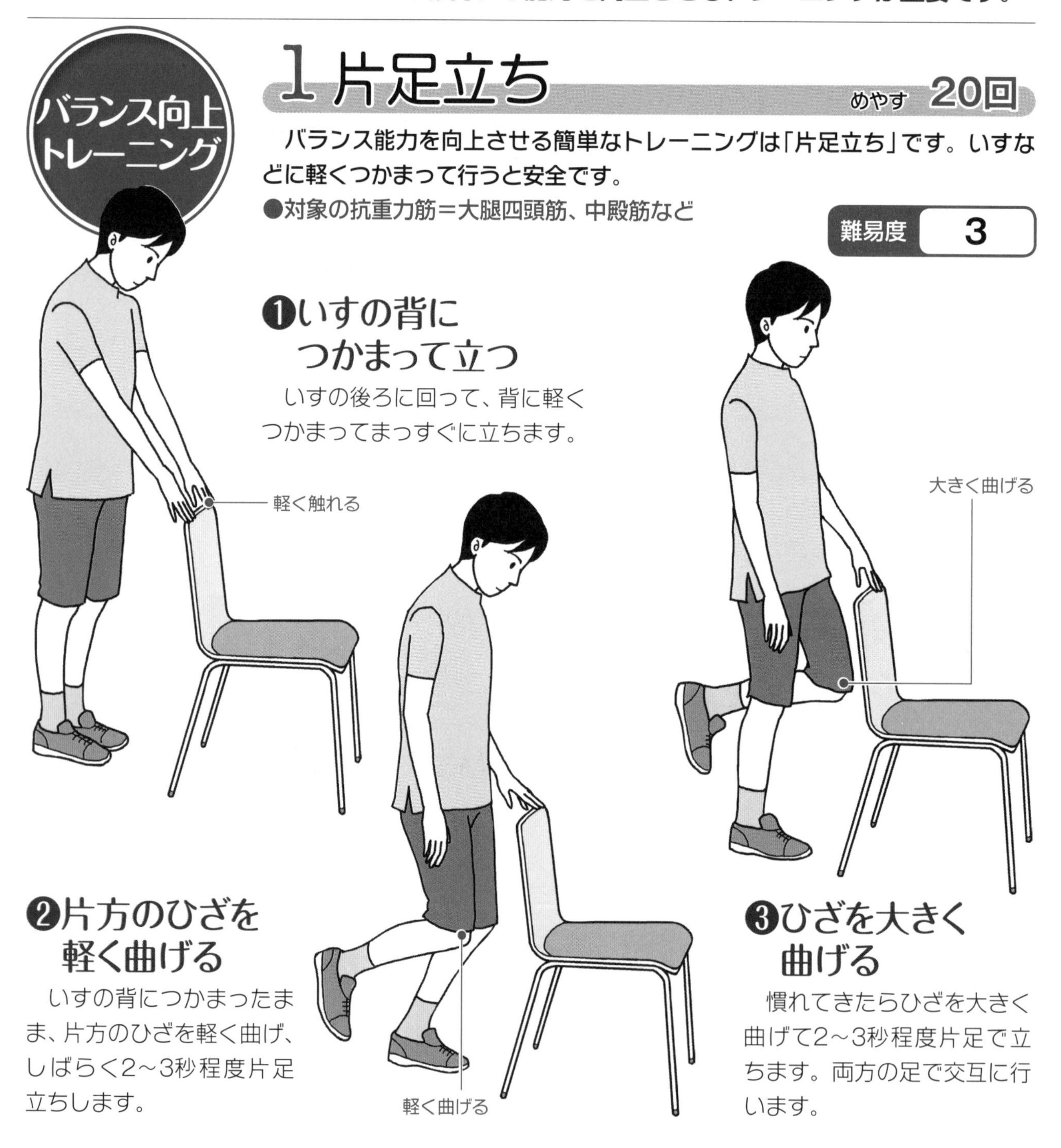

1 片足立ち

めやす 20回

バランス能力を向上させる簡単なトレーニングは「片足立ち」です。いすなどに軽くつかまって行うと安全です。

●対象の抗重力筋＝大腿四頭筋、中殿筋など

難易度 3

❶いすの背につかまって立つ

いすの後ろに回って、背に軽くつかまってまっすぐに立ちます。

❷片方のひざを軽く曲げる

いすの背につかまったまま、片方のひざを軽く曲げ、しばらく2～3秒程度片足立ちします。

❸ひざを大きく曲げる

慣れてきたらひざを大きく曲げて2～3秒程度片足で立ちます。両方の足で交互に行います。

2 片足立ち（上級編）　めやす 20回

バランス能力が低下している人は「片足立ち」に慣れたら、いすを使わない上級編にチャレンジしましょう。

●対象の抗重力筋＝中殿筋など

難易度 3

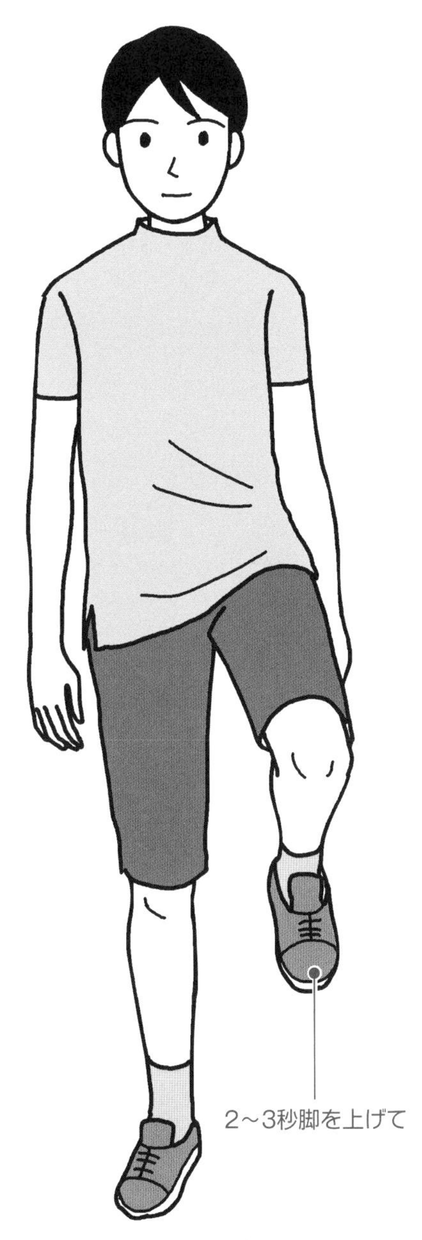

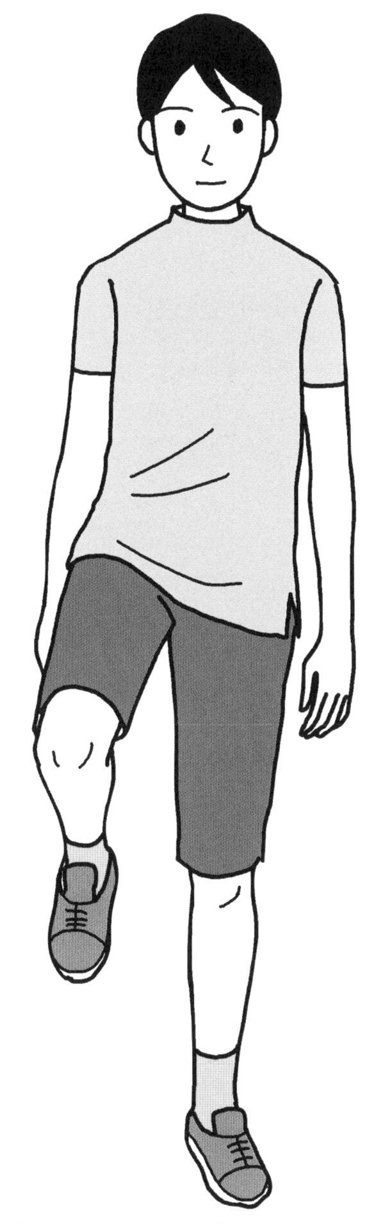

❶つかまらないで立つ

いすなどにつかまらないで立ちます。

❷片方のひざを上げる

上げた脚は2～3秒程度そのままの位置で。

❸交互に行う

片足20回をめやすに左右交互に行います。

3 片足立ちの難易度順　めやす 各10秒

いすにつかまって行うトレーニングから手を腰に当てて行うトレーニングまで、「片足立ち」を難易度順に紹介します。左右交互に行います。

●対象の抗重力筋＝中殿筋、大殿筋群など

難易度 3〜5

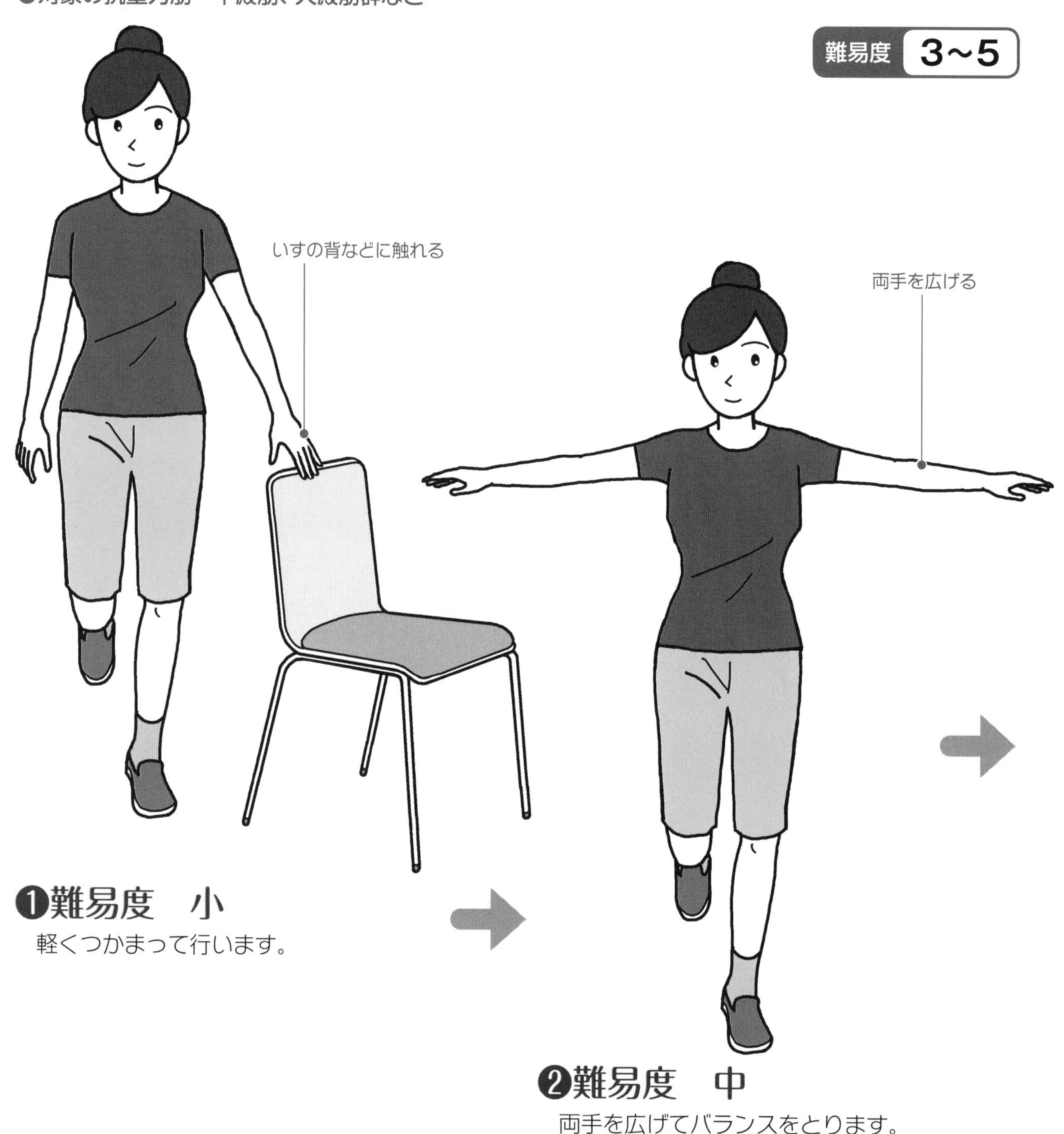

❶難易度　小

軽くつかまって行います。

❷難易度　中

両手を広げてバランスをとります。

❸難易度　大
手を腰にあててバランスをとります。

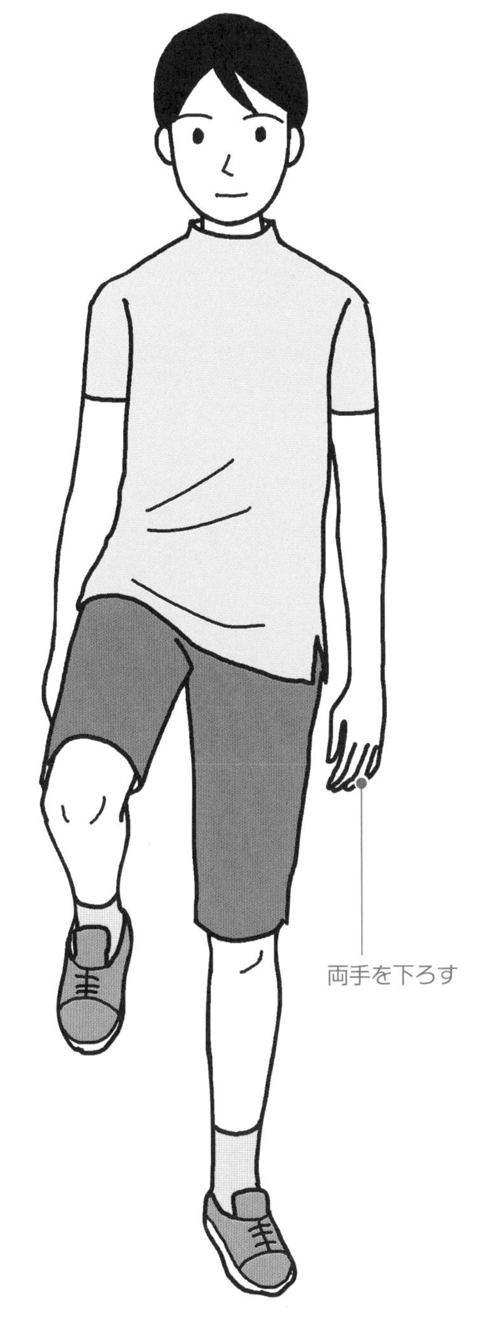

❹難易度　大（上級編）
両手を下ろしてバランスをとります。

4 横への体重移動

めやす 10回

バランス能力を向上させるために横への移動に強くなるトレーニングです。片脚が十分に上がるようにしましょう。

●対象の抗重力筋＝中殿筋、内転筋（太ももの内側）など

難易度 2～3

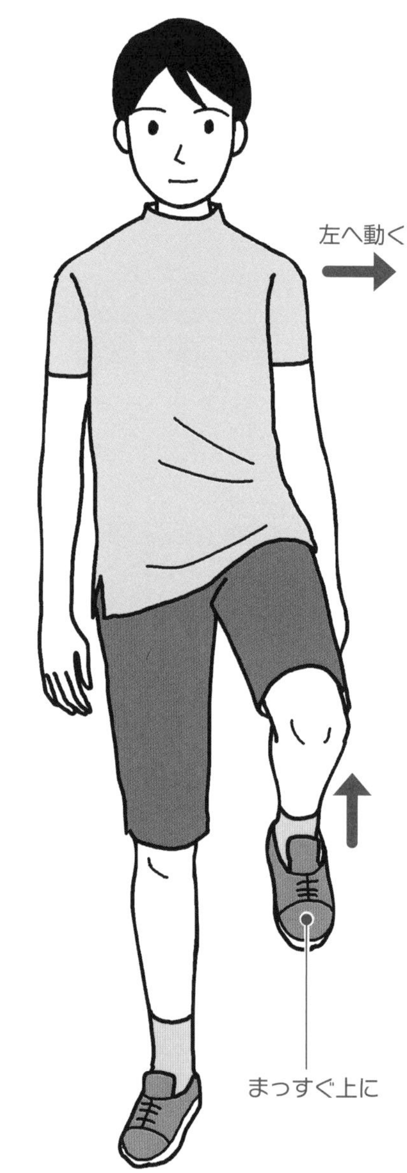

❶自然に立つ

背筋を伸ばしてまっすぐに立ちます。

❷片脚を上げる

片脚を2～3秒くらいまっすぐに上げます。

❸上げた脚を横に出す

立った脚にかかっていた体重を上げた脚にもかけるように、脚を横に出します。

❹軸足を変えて脚を上げる

体重をスムーズに移動して今度は反対の脚を2～3秒くらい上げます。

❺反対側の脚に体重をかける

反対の脚に体重をかけて上げた脚を横に出します。

❻はじめに戻る

体重を左右に移動させることができたら元に戻り、また❶～❺までを行います。

5 体重を前後に移動する

めやす　10回

　バランス能力を維持する「片足立ち」と、歩行の基礎トレーニングにもなる効果の高いトレーニングです。

●対象の抗重力筋＝脊柱起立筋、大腿四頭筋、中殿筋、前脛骨筋、腓腹筋など

難易度　2～3

❶自然に立つ

　背筋を伸ばしてまっすぐに立ちます。

❷片方の脚を前に出す

　片方の脚を前に出し、体重を出した脚に移していきます。

❸出した脚に体重を移動する

　後ろの脚から、反対の脚に体重移動をします。

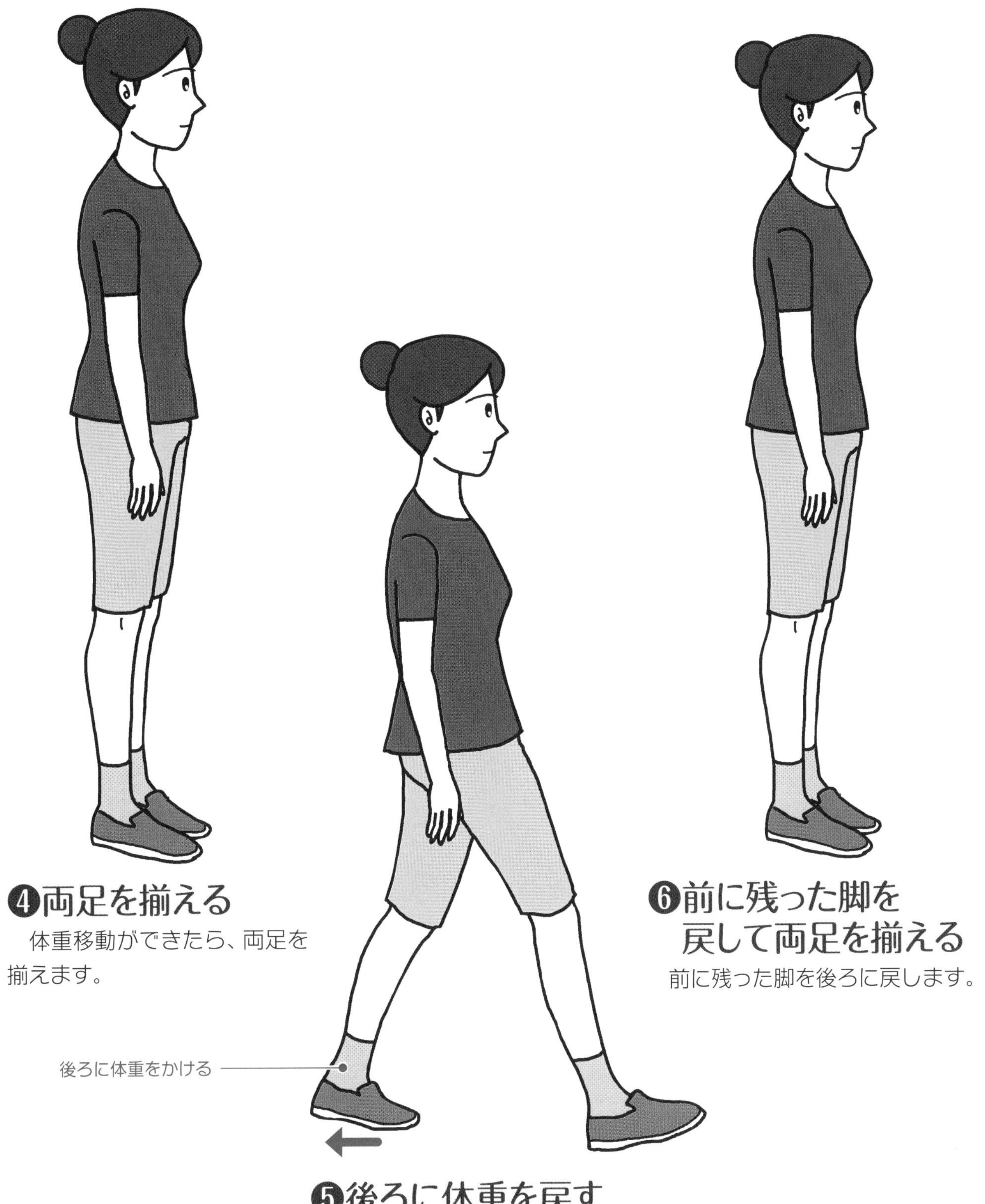

❹両足を揃える

　体重移動ができたら、両足を揃えます。

❺後ろに体重を戻す

　どちらの脚でもよいので、後ろに戻して体重をかけます。

❻前に残った脚を戻して両足を揃える

前に残った脚を後ろに戻します。

column

トレーニングを長く続けるために心得ておきたいこと

本書のトレーニングは比較的だれでも、長く続けられる負荷の軽いソフトなものがほとんどです。難易度でいえば低～中程度の実技が中心です。それでも、面倒でやめてしまったり、気がつかないうちにやっていなかったりする人も少なくないでしょう。

ハードなトレーニングでも、負荷の軽いトレーニングでも長く続けるにはコツがあります。ポイントはあまり構えずに始めることです。「続かなくても気にしない」「飽きたら、一度止めて、また始めればいい」くらいの気軽な気持ちでいれば、あんがい長続きすることが多いのです。

長く続けるためのポイント

①日常生活の中に取り入れて行う

「さあ、運動しよう!!」と身構えなくても、空いた時間に数分程度行う運動であれば、長続きします。また、「歯を磨いたり」「いすに座っている」ときに運動を行えば、習慣化できるので長続きするでしょう。

②数日しなくても、また始めればよい

筋トレなどは何回か行っても、一度休んだり数日行わないと、「もうやめた」となりがちです。マッチョな体をつくる目的のトレーニングならともかく、転倒防止・健康維持のトレーニングなら何度中断しても、また始めればよいので、自分のペースで続けましょう。

	長続きするタイプ	長続きしないタイプ
	目先の効果にこだわらない人	目先の効果にこだわる人
始め方	気軽に始めた	決意して始めた
都合が悪い日	できない日はあきらめる	1日も休むのは我慢できない
運動効果	効果が小さくても充実感がある	効果が小さいと充実感がない
運動の実感	楽しくなり、運動しないと落ち着かない	つらいばかりで、楽しくない
	↓	↓
	長続きする	長続きしない

第4章

転倒しないための日常生活の動作

日常生活の動作の工夫

介護が必要な高齢者や虚弱高齢者の転倒事故は、家の中で起きることがほとんどです。ベッドからの起き上がりや立ち上がり、入浴のときなど、転倒しないように正しい日常生活の動作を身につけましょう。

1 ベッドからの起き上がり（体力が落ちた高齢者等の場合）

ベッドから起き上がるときは、ベッドの端からずり落ちないようにするのがポイントです。左腕でも体を支えながら起き上がると安全です。

難易度 2

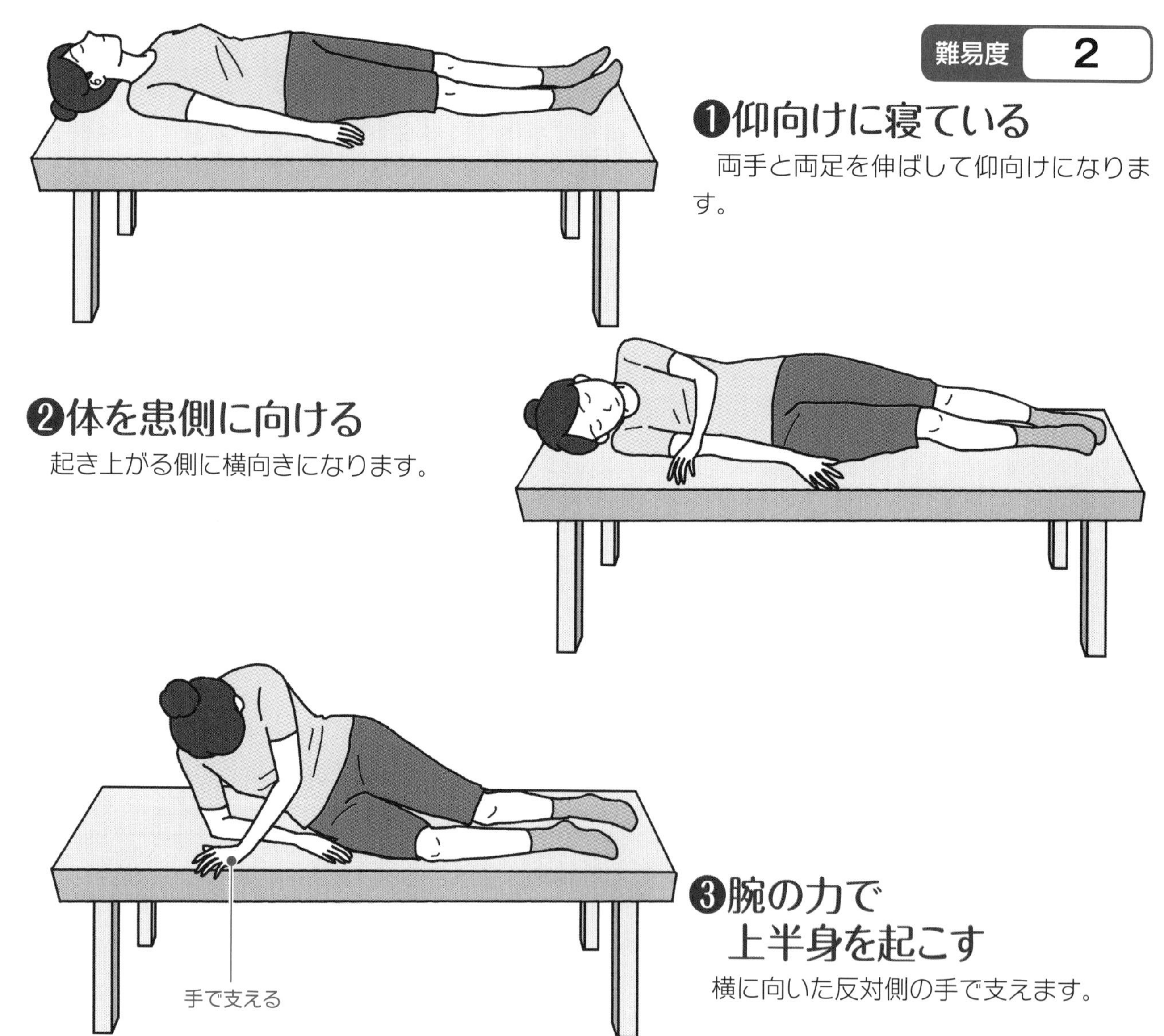

❶仰向けに寝ている

両手と両足を伸ばして仰向けになります。

❷体を患側に向ける

起き上がる側に横向きになります。

❸腕の力で上半身を起こす

横に向いた反対側の手で支えます。

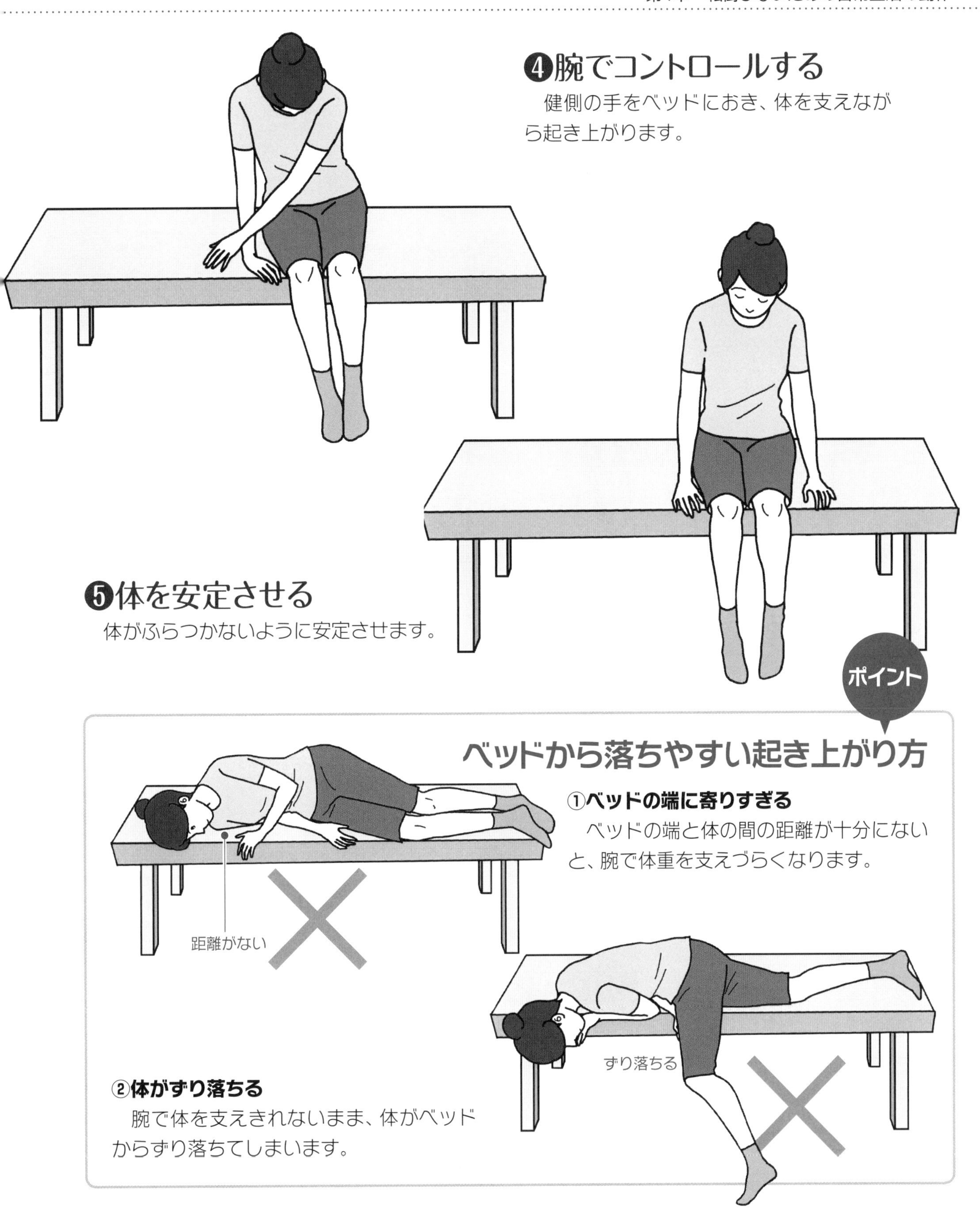

❹腕でコントロールする

　健側の手をベッドにおき、体を支えながら起き上がります。

❺体を安定させる

体がふらつかないように安定させます。

ポイント

ベッドから落ちやすい起き上がり方

①ベッドの端に寄りすぎる

　ベッドの端と体の間の距離が十分にないと、腕で体重を支えづらくなります。

②体がずり落ちる

　腕で体を支えきれないまま、体がベッドからずり落ちてしまいます。

2 転倒しない立ち上がりと座り方

脚の筋力が弱っていたりバランスに不安定を感じる人におすすめなのが、腕の力を借りて立ち上がりや座りを補助する方法です。

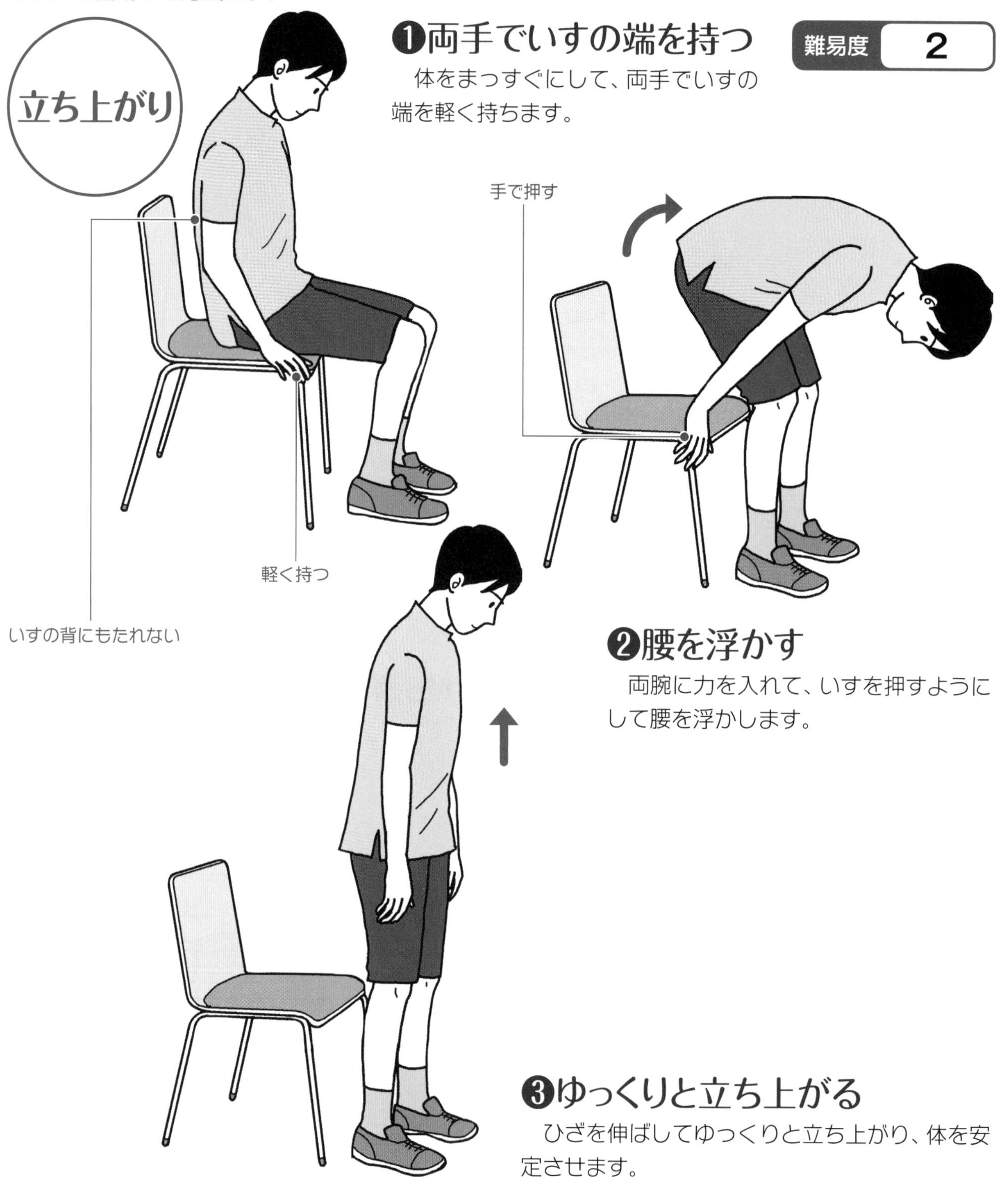

❶両手でいすの端を持つ

体をまっすぐにして、両手でいすの端を軽く持ちます。

❷腰を浮かす

両腕に力を入れて、いすを押すようにして腰を浮かします。

❸ゆっくりと立ち上がる

ひざを伸ばしてゆっくりと立ち上がり、体を安定させます。

座り

難易度 2

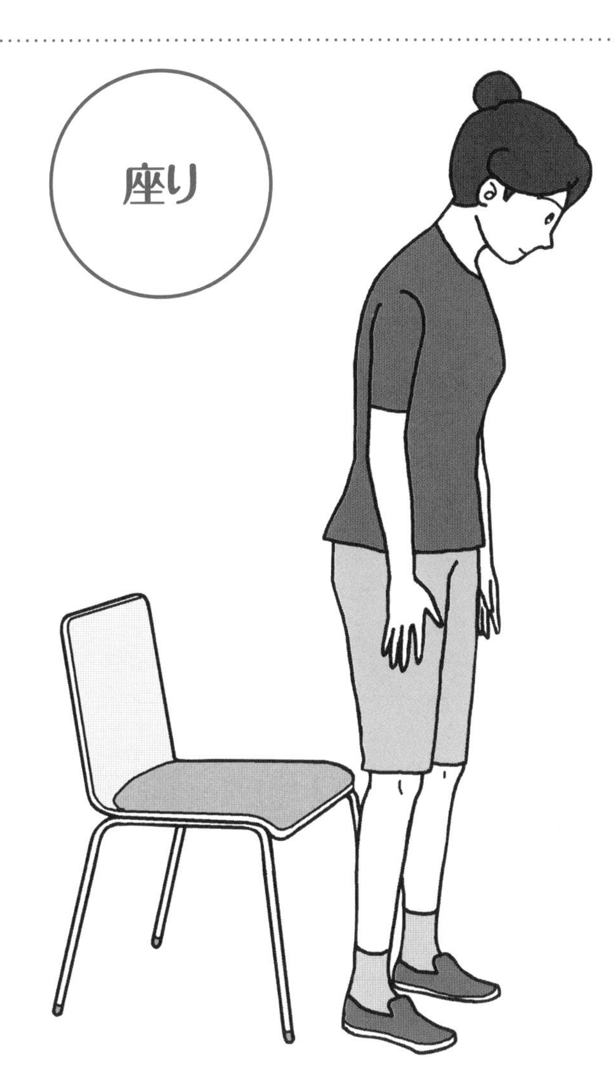

❹いすの端が見えるように立つ

後ろにあるいすの位置を確認してから座りの動作に入ります。

❺いすの端を軽く持つ

いすの端を軽く持ってお辞儀をします。

❻ゆっくりとお尻をつける

両腕に力を入れたまま、ゆっくりとお尻を下ろし座面にお尻をつけます。

➡手で補助してもよいでしょう。

3 転倒しにくい歩き方

転倒しにくい歩き方は、正しい歩き方によって実現します。機能障害のない人は、背筋を伸ばすなど、歩き方の基本を身につけて行いましょう。

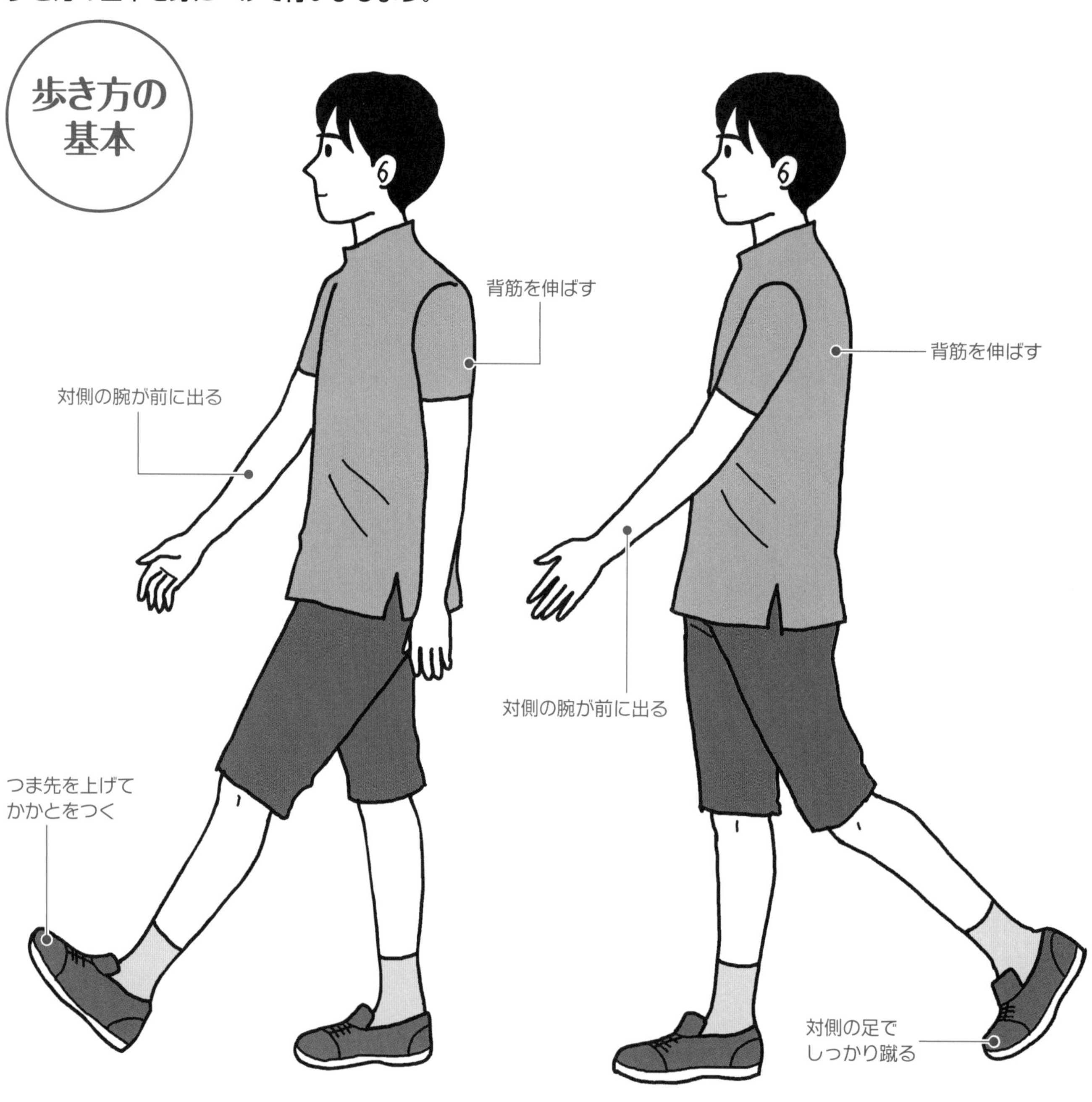

❶つま先をしっかり上げて
かかとをつく
❷背筋を伸ばす
❸対側の腕が前に出る
❹対側の足でしっかり蹴る

下肢の筋力が弱っている人

ノルディックケインは腕の振りや蹴りだし、姿勢保持などに有効な補助具になります。

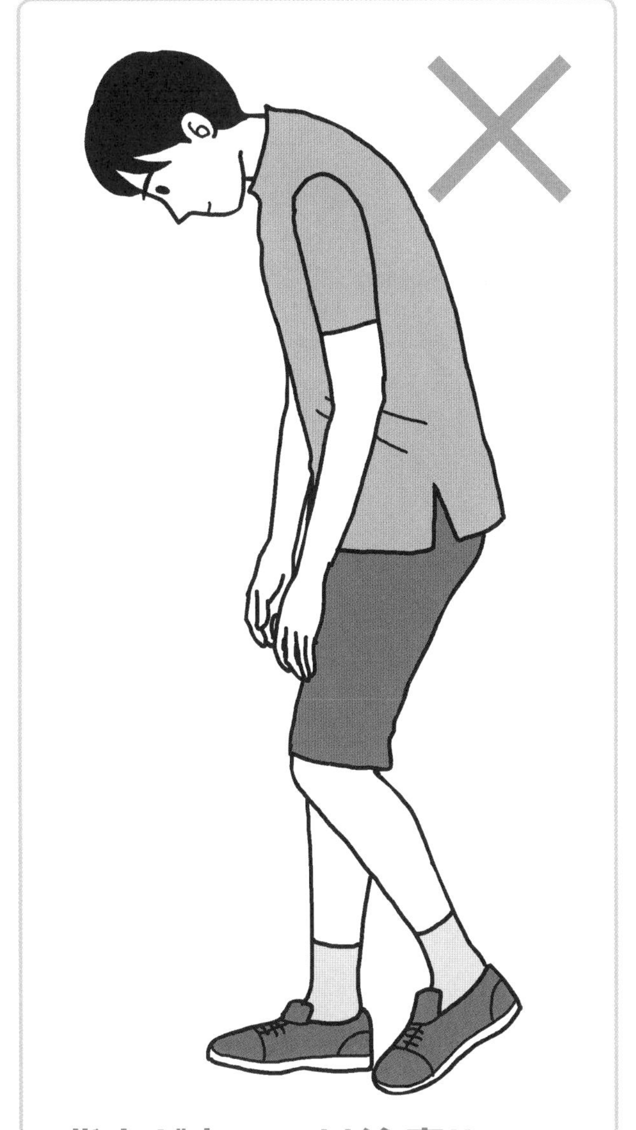

背中が丸いのは注意!!

背中が丸くなっていると、前に足が出にくく、小さな障害物にもつまずいて転倒しがちです。いつもまっすぐな姿勢を意識して歩きましょう。

4 転倒しにくい階段の昇降

昇段で気をつけたいのは、上げる足をしっかり上げること。降段で気をつけたいのは、体を支えている脚のひざを急に曲げないことです。

難易度 2

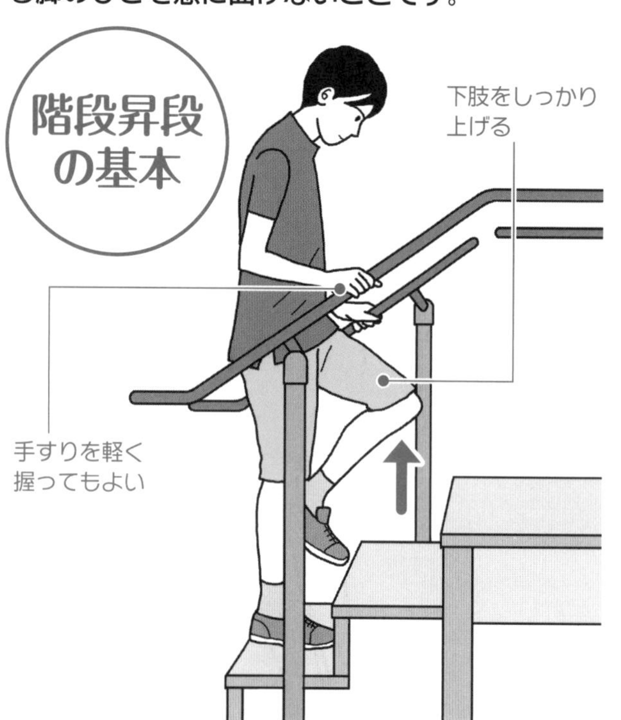

❶下肢をしっかり上げる

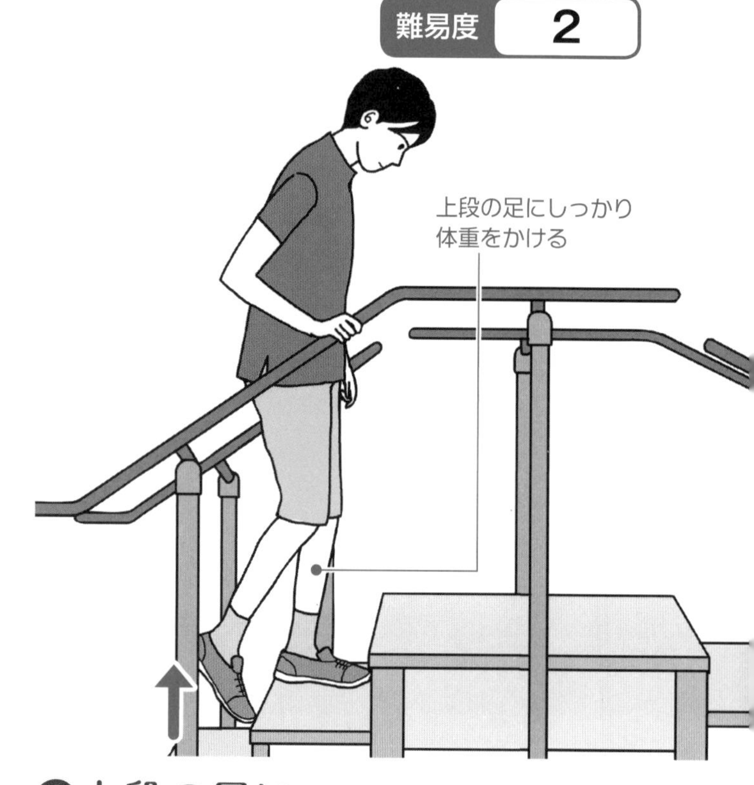

❷上段の足に
しっかり体重をかける

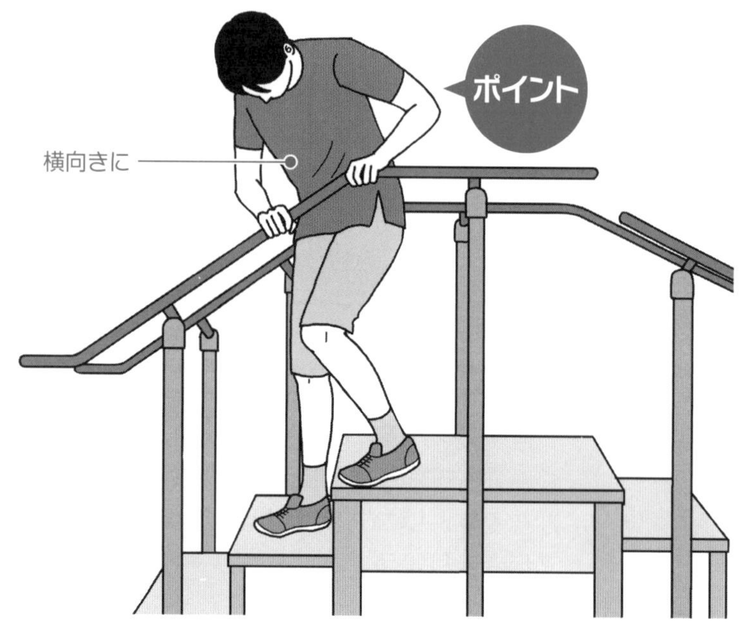

横向きに下りてもよい

まっすぐ前向きに上り下りするのが怖い人は、手すりを用いて横向きに昇降してもよい。

❸対側の足をさらに上段に上げる

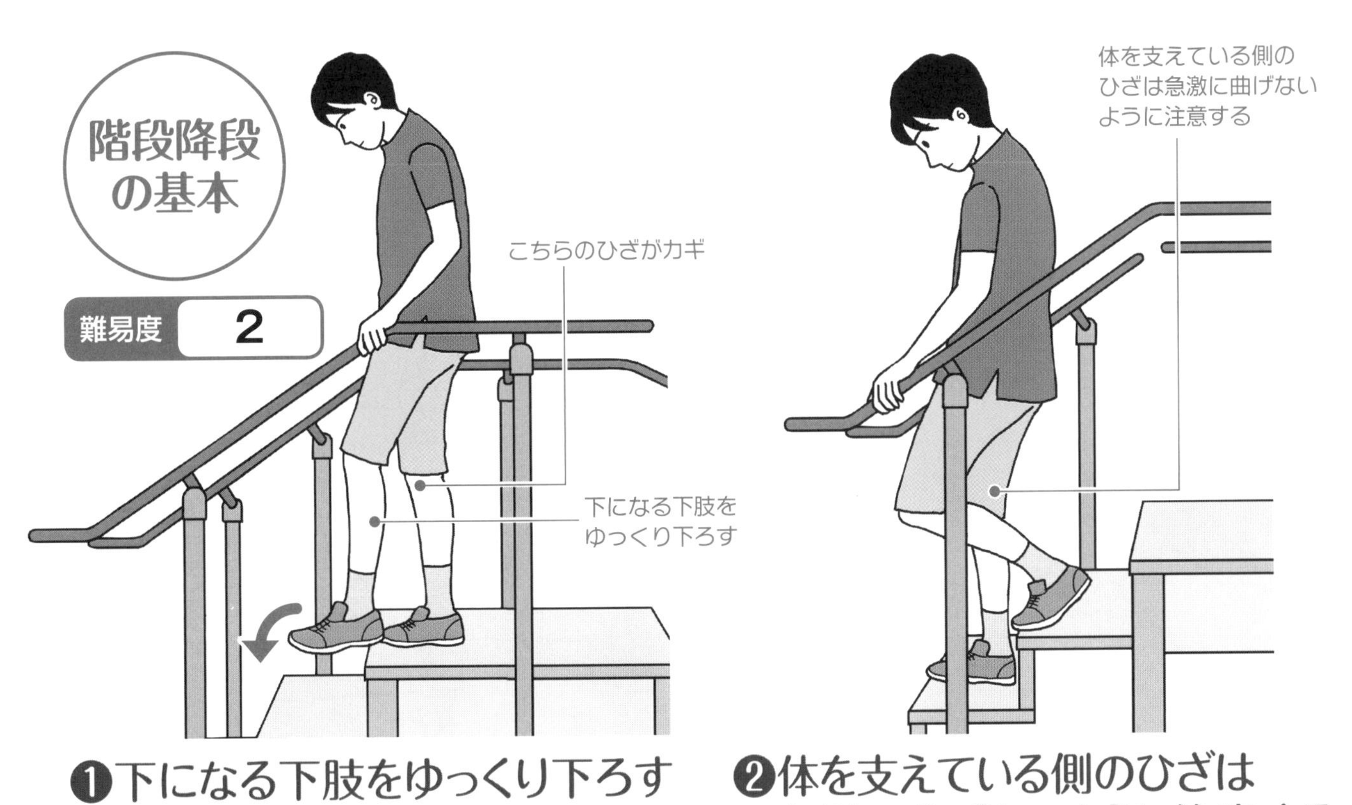

❶下になる下肢をゆっくり下ろす

❷体を支えている側のひざは
急激に曲げないように注意する

5 転倒しにくい入浴

浴槽に入るときは、バランス感覚が必要です。立って入るのが不安定な人は座って入りますが、どちらも体を安定させることが大切です。

座って

難易度 2

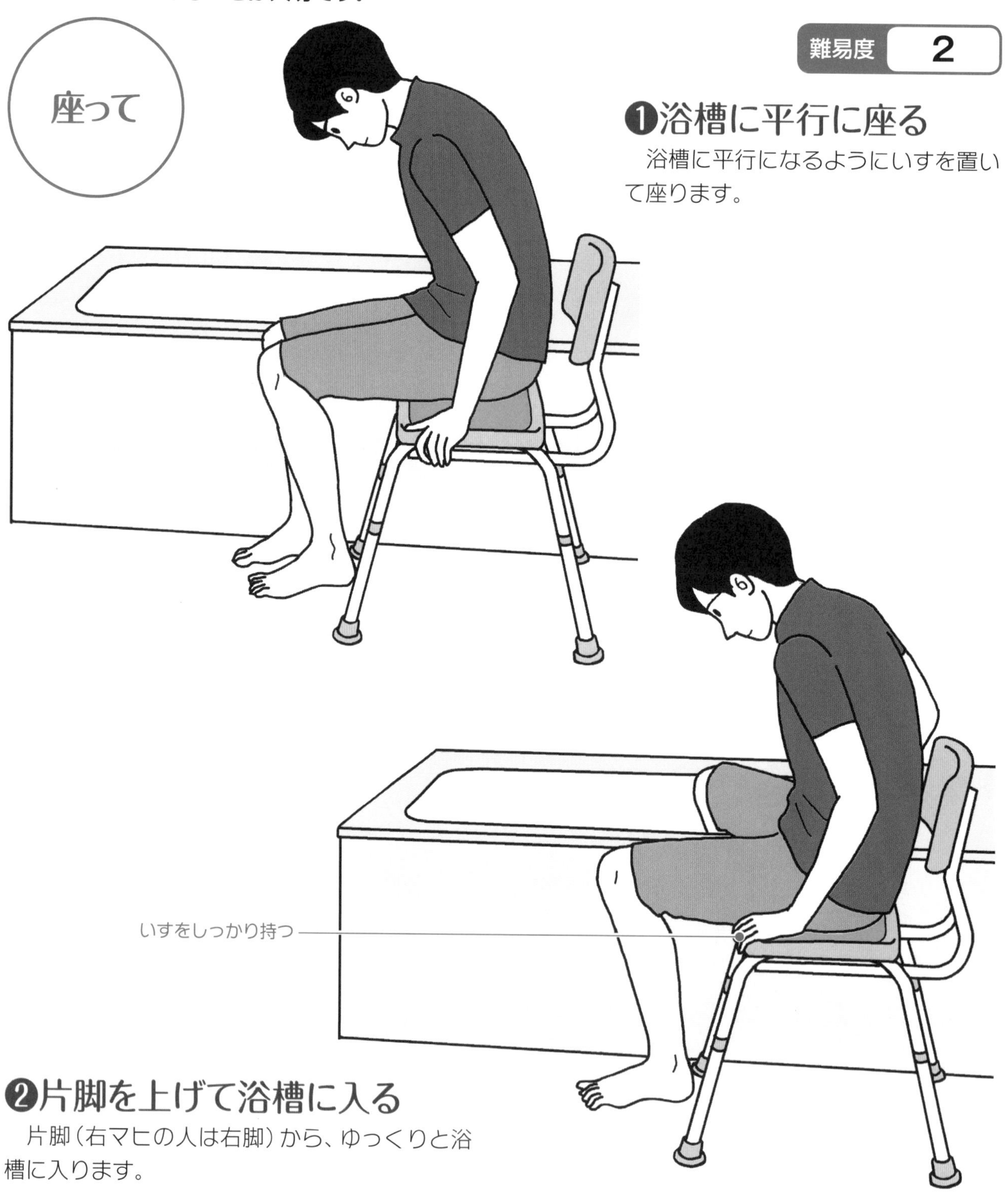

❶浴槽に平行に座る

浴槽に平行になるようにいすを置いて座ります。

❷片脚を上げて浴槽に入る

片脚（右マヒの人は右脚）から、ゆっくりと浴槽に入ります。

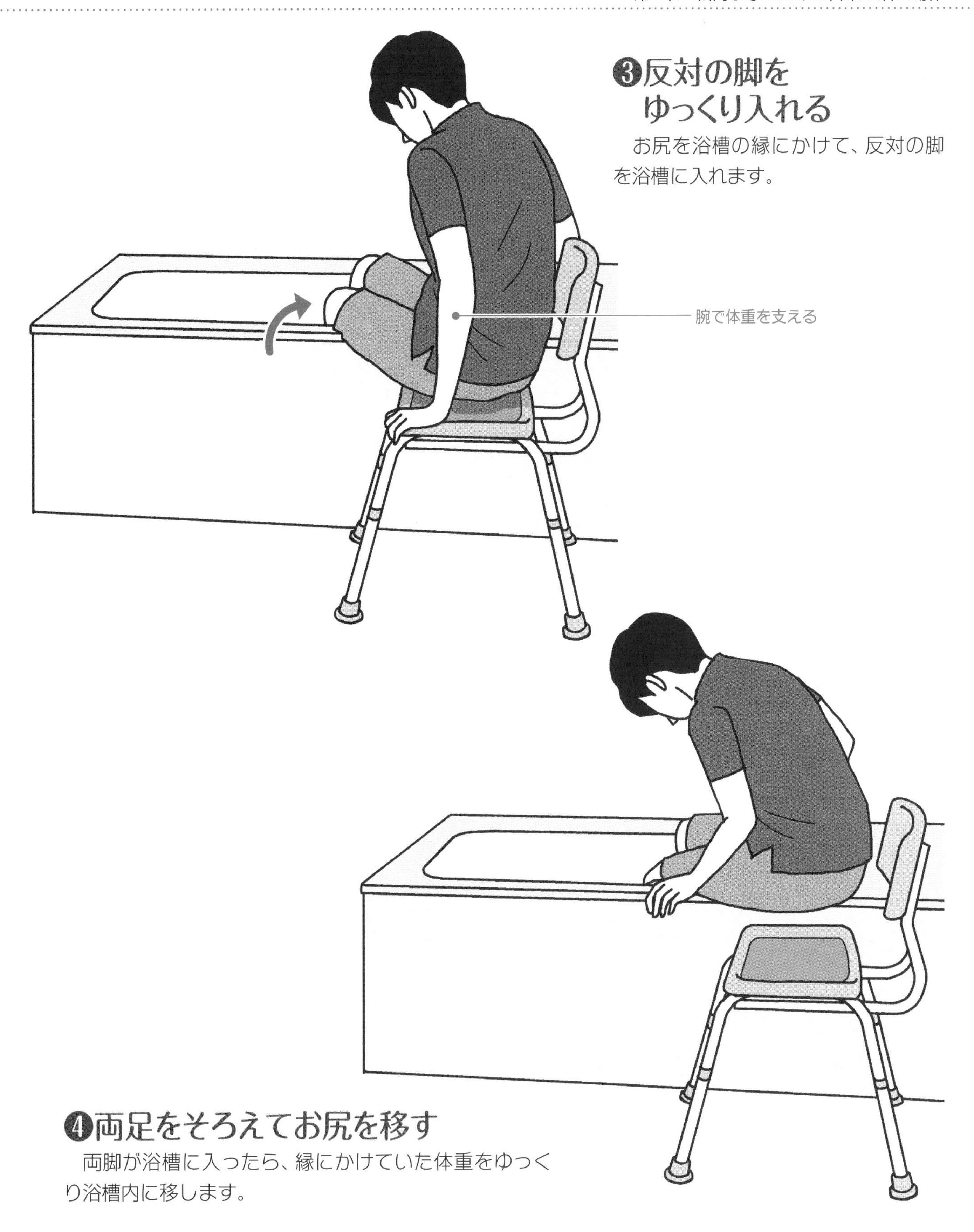

❸反対の脚をゆっくり入れる

お尻を浴槽の縁にかけて、反対の脚を浴槽に入れます。

❹両足をそろえてお尻を移す

両脚が浴槽に入ったら、縁にかけていた体重をゆっくり浴槽内に移します。

❶浴槽に平行に立つ

縦手すりがある場合は手すりを両手で持って、浴槽に平行に立ちます。

※立位に不安のある人は、浴槽の手前に縦手すりを設置すると浴槽への出入りがしやすくなります。

❷片脚をゆっくり浴槽に入れる

片脚を浴槽の縁にひっかからないように十分に上げて浴槽に入ります。

➡洗い場より浴槽の底の高さが低いことがあるので注意してください。

❸反対の脚を上げる

縦手すりを握って立位を安定させながら、反対の脚もゆっくり入れます。

❹両足をそろえる

浴槽内で両足をそろえ、一度、立位を安定させてからゆっくり座ります。

●**著者　隆島 研吾**（たかしま けんご）
神奈川県立保健福祉大学教授　理学療法士
1956年長崎県生まれ。1978年東京都立府中リハビリテーション専門学校理学療法学科卒業。1998年玉川大学文学部教育学科卒業。2001年筑波大学大学院博士後期課程単位取得満期修了（修士：リハビリテーション）。
1978年より横浜市立大学医学部付属病院リハビリテーション科に20年勤務した後、1998年より川崎市社会福祉事業団れいんぼう川崎にて在宅リハビリテーションに従事。2005年神奈川県立保健福祉大学リハビリテーション学科准教授、2012年より現職。
（公社）神奈川県理学療法士会　相談役。川崎市障害者施策委員会委員、川崎市障害者認定審査委員、三浦市自立支援協議会座長、国土交通省道路空間のユニバーサルデザインを考える懇談会委員等多数の委員会を歴任している。

撮影協力／山岸保則
（神奈川県立保健福祉大学リハビリテーション学科助手：（現）川崎市れいんぼう川崎）
編集協力／株式会社耕事務所
カバーデザイン／上筋英彌（アップライン）
本文デザイン／石川妙子
本文イラスト／山下幸子

家庭でできる 転倒予防トレーニング

令和3年1月20日　第1刷発行

著　者　隆島研吾
発 行 者　東島俊一
発 行 所　株式会社 法 研
東京都中央区銀座1-10-1（〒104-8104）
電話03（3562）3611（代表）
http://www.sociohealth.co.jp
印刷・製本　研友社印刷株式会社

0102

ISBN 978-4-86513-734-7　定価はカバーに表示してあります。